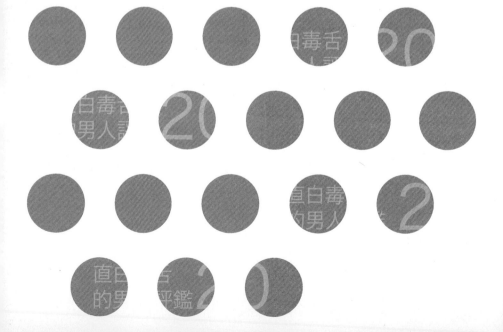

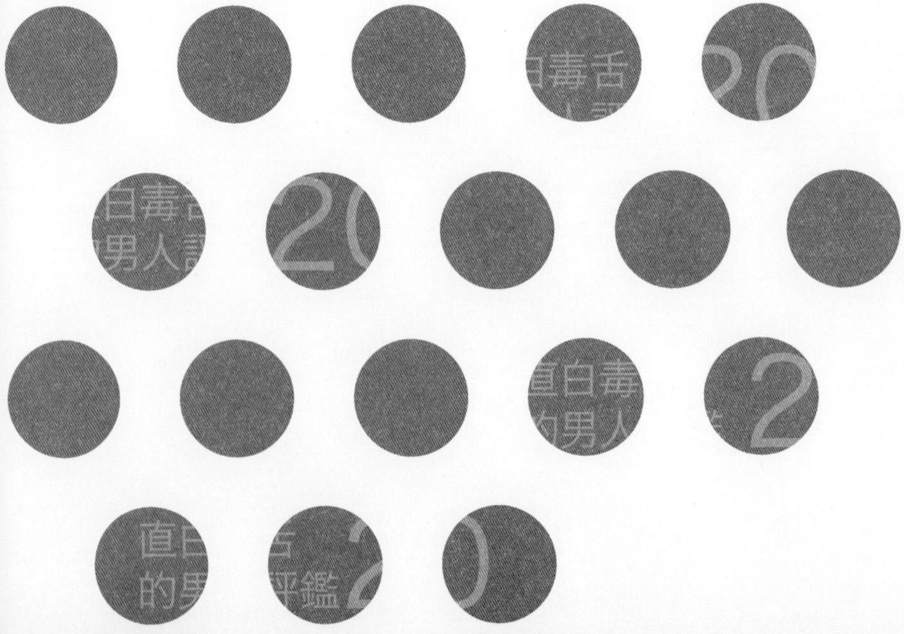
白毒舌
白毒舌
男人評
直白毒
的男人
直白
舌
的男
評鑑

就這樣，開始了名為「相親」的真愛旅程——

相親惡女不負責出清指南

直白毒舌的男人評鑑20

惡女 Dolphin 著

好評推薦

拜讀此書可終止單身輪迴！阿彌陀佛！

這本《相親惡女不負責出清指南》請好好珍惜閱讀，請不時地拿出來翻閱提醒自己一下，畢竟作者透過自己的慘痛約會經驗來讓眾生們終結單身（她不入地獄誰入地獄啊！），閱讀此書可免於落入鬼打牆相親的輪迴，的確是功德一件喔！

——知名部落客、姊妹淘簽約作家　亞美將

在惡女面前彷彿一絲不掛，男人的劣根性亦展露無疑……

我不清楚是不是每個女人期待白馬王子的心情都浪漫不凡，但我只能保證這樣的心路歷程，在作者嗆辣又一針見血的筆下，竟變得現實又無奈。

作者將她征戰大小相親場合的心得，全數無私奉獻。她犀利的觀點也把我們男人的劣根性都悉數說盡，害我本來就所剩不多的男性優越感，差一丁點就要被作者給崩壞……。四十場相親的考驗，四十個與陌生男子交流的經驗，相親指南，當之無愧。相信女人一定能從本書中得到過來人的精神支持，男人也一定能在作者筆下發現那些女人不願對你說的事。

——超人氣職場部落客　馬克

即使男性尊嚴被踐踏，我也要搖旗推薦！

樂多每年都會舉辦一個「夏日部落格傳說」的活動，活動宗旨是連續發文三十天，我和相親惡女就是在那認識的。報名時我們的部落格連結剛好在附近，緣分就這麼來了。

點進她的部落格。不得了！簡直男人屠宰場啊！這女人是要開戰了嗎？我們只是在繁殖的路上積極了些，竟被批得體無完膚，我看不下去了。不過，反正沒事又看了幾篇，我漸漸發現，這女人「無德便是才」。雖然文中男主角們求偶失利還被鞭屍，顯得很殘酷，但文筆實在太有趣了。其中有一篇令人印象深刻，形容跟一群宅男聚餐搞得場面很冷，最後大家都在玩筷子：「整桌就只剩下窸窸窣窣的衛生筷的塑膠袋聲。」彷彿身歷其境。

照理說，身為男人的我，理應捍衛雄性尊嚴，征討這位大放厥詞的潑婦才是。不過，她又是那麼好笑，即便被她糟蹋了還嘻嘻哈哈。最後，我乾脆加入粉絲團——我背叛了男人！我不配擁有喉結！——長久以來，跟著粉絲團一群娘們搖旗吶喊，我甚至成了粉絲中閃亮的一顆星。

現在她要出書了！大概是喪權辱國的男性實在不多，本人竟然有榮幸寫推薦序。看著相親惡女，以前在部落格上踐踏男人的臉，現在在書上踐踏男人的臉，還是不由得一陣唏噓。但這麼好笑叫我怎麼辦？總不能因為臉被踩住就昧著良心不推薦吧？

於是，在此慎重向大家推薦本書，它具有跨越性別的幽默感。無論男人女人都會笑開懷，雖然男人可能苦笑居多。

——知名部落客、苦男代表　蛛網

目錄 contents

Preface

前言

牛鬼蛇神皆可相，有緣千里來相會

想當年，我也曾經相當「假掰」地認為相親是一件很丟臉的事。「本姐這麼正，要如何拉下這個臉，開口請人幫忙介紹男人？」如果現在的妳也正這麼想，相信妳一定離三十歲還很遠吧！這一切妳是不會明白的，闔上這本書，到旁邊看妳的《KAWAII》雜誌吧！

話說，**二十九歲跟三十歲中間的這條界線，你看它是瘦得不得了，殊不知跨過去可就是另一個次元哪！**一旦遁入這個次元，你會突然沒有任何朋友（全都嫁光），單身異性也鮮少能進入這個次元，如果看到對象不趕快抓住，就真的不知道這個結界要何年何月才能再打開了！

我也懂「相親」這兩個字讓人難以接受的困窘之處。除了可能要面對眾人訕笑的眼光，更尷尬的是要和不認識的人見面，目的性又如此強烈，導致每次飯局到了最後，通常都會陷入沒話聊的窘境，搞得大家坐立難安、悔不當初。再說，會接受這種邀約的對象，通常也都不怎麼樣吧？

好，不要說我太挑剔，我自己長得也不太和善——天生眉毛就是比較粗、眼神就是比較殺、講話就是比較嗆——再加上身為一個長期感情不順的女強人，男人見到我往往嚇得話都不敢吭一句，深怕身為男人的最後一點尊嚴會蕩然無存。所以對我來說，相親根本就是在相互造成彼此心靈上的創傷吧！

ＢＵＴ！切記相親這件事，不做則已，一旦做了，就非得要拚個輸贏不可啊！原本只是「沒人追」而已，一旦稍有鬆懈，不小心去了第一次的相親，若沒成功就放棄，還會落得一個「她本來沒人追，後來有去相親，但也沒成功，結果現在都放棄了」的臭名啊！

就在這番逞強之下，不知不覺本姐的相親資歷竟然已高達三年之久，「面試」過的人數直逼五十人！（開玩笑的吧!?我看我們公司在就業博覽會的攤位也沒有我熱鬧！）

我只能說，天理何在？為什麼美貌如我，要落得拜託人家安排對象？而又為什麼，這些牛鬼蛇神——只會講程式語言的宅男部隊、騎淑女腳踏車來赴約的泳褲猛男、前女友是七年級生的五年級大叔——敢來跟我相親？不知不覺我都開始期待，下一次相親還能更有爆點嗎？（可是追求爆點跟嫁出去這兩條路根本就是完全反方向啊……）

閉上眼，三年來相親過的數十位男人面貌如跑馬燈一般快速閃過我的腦海，我決定，要把這些笑中帶淚的荒唐故事，化做精選的二十個最佳範例，以身作則，為同樣深受單身所苦的善男信女，一一破解自己常犯的戀愛謬誤，讓大家一起化冰山為火山，投入名為戀愛的火焰……燃燒吧！朋友！

註 為了保護當事人，故事中相親對象的姓名、年齡皆已稍作更動，熟識的朋友們也請勿揭露您與本人的真實姓名，以免遭受殺身之禍，或是永遠嫁不出去的詛咒，感恩！

蛋白質男孩與爆痛的膝蓋

我對自己的體力卻毫無自知之明，有一大段時間，我獨自一人騎在棧道上，更忘了自己今天是來相親的。真正的好戲半夜才開始上演，我竟然因為兩腿肌肉突然爆痛而驚醒。之後，每當MSN顯示蛋白男登入上線的時候，我都會下意識摸一下膝蓋……

NO. 01

蛋白質男孩
年齡：27歲
職業：科技品牌工程師
外貌：白裡透紅水煮肌＋好學生金邊眼鏡，而健康的生活給了他一個壞男人沒有的翹臀啊！（靠～快把這天真的孩子帶離我身邊，以免被我玷污了！）

雖然自己並沒有意識到，但本人的外表還是相當誠實地告訴周遭的人「即將年過三十」的事實。因此，最近被問到「妳怎麼沒有男朋友？」的頻率愈來愈高。身為一個有智慧的成熟女性，千萬不要真心地困擾該如何回答才能夠兼顧自己的面子，又能反擊對方於無形。

要知道，這個問句是頗有玄機的。事實上，既然對方不是潛力買主，就沒有動機要知道妳為何「還在架上就開始打折」。因此，可以推論，一般詢問的人根本不是真心想了解「妳為何沒有男朋友」，這句話翻譯成白話文的意思應該是：「妳一定是只想要三高男／還想玩／同性戀，所以才沒有男朋友！」也就是說，這是一句隱含結論的肯定句，而不是問句。

所以，一旦面臨這樣的時刻，只需以短短一句：「等你介紹啊！」來呼嚨即可。不但可以有效率地結束這個話題，說不定還可以賺來一個如意郎君，真是一石二鳥的最佳解答！然而，當「Dolphin要大家幫她介紹男人」的消息在公司傳開後，這下可不得了，來自各方的熱情邀約如雪片般飛來。平時與我私交甚篤的同事莎莉聽到我終於開放相親，不到兩天就親自奉上珍藏已久的好男一枚，還強調該男在朋友圈界素有「蛋白質男孩」的稱號，不來瞧瞧實在可惜。

我仔細調查了這位候選人的身家背景，說實在還真不賴：臺灣第一學府畢業、擔任某科技品牌工程師、家住東區、個性上進開朗、喜歡運動並熱心投入社團活動，應該是不菸不酒……

但是，這些資料輸入到我腦中之後，產生出的感想卻是覺得自己會玷污人家，畢竟自己整天出入聲色場所、朋友三教九流，尤其無酒不歡，我們這兩個不同世界的人，會有機會嗎？

本來第一次見面是約好下班後要三人一起去騎腳踏車，可惜當天下雨，只好改成吃晚餐。

談話中發現，對方還真是個單純的小男孩兒，以致於我回話時都必須句句斟酌，深怕一不小心就把人給嚇跑了。飯才吃一半，我就開始心生無聊，只用一半的腦袋來扮演氣質淑女，應對有禮，另一半的腦袋則處於休眠狀態。

老實說，事後我也感到十分內疚，畢竟人家也是開開心心來認識異性朋友，卻碰到我這種怪咖，臉色不但不算親切，談話中只要十分鐘沒梗，就會明顯散發出「想要離席」的氣氛。導致對方開始不自覺地檢討起自己：「唉！我就是不風趣、不知道要跟女人聊什麼、嘴巴很笨所以都認識不到女人！」結果他的這番檢討非但沒有幫助，反而使現場更加緊張、表現更加失常。

其實我很想跟他說：「你沒錯！你沒錯！錯的是我！今天讓你相親到我，真是不好意思！」

當然，第一次見面之後，由於我的高姿態、對方的害羞，所以兩人後來都沒有更近一步的聯絡。盡責的莎莉發現後，便決定再安排大家一起去騎腳踏車，打算讓蛋白質男孩展現他真正的雄風，而我也能夠在體力不支後卸下冷酷的心防。

殊不知，我外表雖精明幹練，對自己的體力卻毫無自知之明，一個平常沒有在運動的人，卻傻呼呼地跟人家從關渡騎五公里到漁人碼頭！而且為了還車，還要再騎回來！

騎車的過程中，因為我實力太差，於是我們三人的隊形是呈現蛋白男領頭、莎莉居中、我落後的狀況——這樣到底是可以聊什麼天啊?!於是，有一大段時間，我獨自一人騎在棧道上，欣賞河畔風光以及呼嘯而過的精壯男孩們的肌肉線條，一時之間忘了今夕是何夕，更忘了自己今天是來相親的。

滿身大汗地回到租車店後，莎莉為了製造機會，故意說要去找男友，於是便搭車揚長而去，留下蛋白男孩陪我坐捷運。

在車廂裡，可想而知的尷尬立刻席捲而來，如果按標準作業流程，現在應該是提議「等下要不要一起吃個飯再回家？」的時機。然而剛剛一下午健康的運動行程之後，因為沒有地方梳洗，大家都汗流浹背、非常狼狽，根本沒有人想在此時靠近彼此，深怕留下不好的印象。

所以，當天的相親可說是草草結束。

沒想到，真正的好戲半夜才開始上演，我竟然因為兩腿肌肉突然爆痛而驚醒，隔天只好貼了兩片「肌立」去上班。之後，每當ＭＳＮ顯示蛋白男登入上線的時候，我都會下意識摸一下膝蓋——爆痛的膝蓋，放過我吧！

相親惡女的婚活教戰

給女孩兒：

老是去一些唱歌、吃飯這種不見天日的活動，要怎麼認識陽光男孩？快快走出去吧！但是不常運動的妳可要量力而為，不要選擇超過自己體能可負荷的活動，免得搞得漂漂亮亮出門、狼狽不堪回家，不但留下痛苦的回憶，還有可能因此就這樣錯失優質的對象！

給男孩兒：

一起去做戶外活動其實滿不錯的，就算再怎麼沒話題，也還可以聊周邊景色、今日天氣，絕無冷場又有許多攙扶的機會，實在是有吃又有抓！

來~飲料！累了歇著吧，
這裡風景可真不錯
謝謝，沒想到你
這麼貼心
哪裡，我才沒想到妳這樣
的美女也愛運動呢！
呵呵~
呵呵~
再兩公里...再兩公里...這浪漫的約會畫面就能實現了...

耶誕節就送Dolphin防水的
眼線筆跟睫毛膏好了...
莎莉

臺客恐龍驚魂記

他：「那妳MSN多少？」

我：「Dolphin……」

他：「D.o.ㄟ樓……」

我：（聽到L的發音後已經想掛電話了）「對啦對啦對啦！」（根本不想講）

他：「那我再跟妳確認一遍喔，D.o.ㄟ樓……」

我：（天哪！不用再確認了！你不要再念了！我現在就告訴你我們不適合！）

NO. 02

臺客恐龍男
年齡：30歲
職業：銀行行員
外貌：電話中聽起來就不是很帥

某天，大堂哥突然在MSN上敲我說：「我主管的太太想介紹她弟弟給妳認識，可以嗎？」

我很納悶，這關係也扯太遠了吧！

「她說喜宴那天，妳很活潑。」

這讓我想起大堂哥結婚當天，我們堂姐妹六人都打扮得漂漂亮亮，遠超過於喜宴會場是新莊某海產店的規格。

二堂哥是念醫學相關的，所以當時我還特地交代他記得幫我與同年紀的堂妹介紹幾個有前途的優質男，二堂哥勉為其難地答應了。

不料喜宴的最後，大姐臨時鼓吹我們安排橋段整新人，於是我穿著小禮服跑去買氣球、在廁所裝水球，還上臺帶頭胡鬧、吆喝。原本穿著甜美可人，後來卻人來瘋、拿著麥克風大喊：「登德頭、登德頭[註1]」、「糗幾咧、糗幾咧[註2]」，雖然客人彼此之間都不太熱絡，我卻還喊到自己「燒聲」。

回家後，二堂哥說：「喊得跟夜市一樣，還敢叫我幫妳介紹，丟臉死了！」

因此，當大堂哥這麼說時，我立刻就覺得這對主管賢伉儷相當識貨，眼光非凡，其弟必有獨到之處，便答應了。

但奇怪的是，堂哥要我給的是電話號碼而不是ＭＳＮ，說那位太太要先打給我徵詢我的同意。然而兩天後，有一名操著臺客腔的男子打電話來，報名說自己是某某某，搞半天原來電話直接到了這位主管太太的弟弟手上，而且他相當大膽，素不相識就直接給我call過來。

循序漸進地自我介紹之後，還相當積極地想確認哪一天有空可以一起出去，彷彿有ＳＯＰ一般。面對這突如其來地猛烈進攻，我有點措手不及，還好找到藉口可以擋一下：

我：「我要看看耶，要不要先留ＭＳＮ比較方便聯絡？」

他：「那妳ＭＳＮ多少？」

我：「Dolphin……」

他：「D.o.ㄟ樓……」

我：（聽到Ｌ的發音後已經想掛電話了。）「對啦對啦對啦！」

他：「那我再跟妳確認一遍喔，D.o.ㄟ樓……」

我：（天哪！不用再確認了！你不要再念了！我現在就告訴你，我們不適合！）

（根本不想講。）

匆匆忙忙掛掉電話後，我非常後悔為什麼自己要隨便給別人電話號碼，而且是認識的人介紹，現在突然不跟人家聯絡也不好意思，只好考慮要不要和他出去一次看看。

同事也安慰我說：「說不定人家只是英文不好，其他都還不錯呢！」

我牙一咬，心想好歹也騙一頓高級料理來吃吃！

到了約定的那個禮拜，這位男士又打來了：「這個禮拜六妳有空嗎？我們可以去中和環球百貨那邊吃飯。」

我：「中和好擠喔！你再想想吧！」（內心的ＯＳ：環球什麼百貨?!初次見面不是應該到高級日本料理店之類的嗎？）

高級日本料理之夢破碎，更慘的是，在下班路上看到一個大恐龍男，才想到，我從來都沒看到對方長什麼樣子，吃一頓飯是不會死，但要是對象是大恐龍，還得在又擠又很多小孩的百貨公司吃飯，最後還要自己付錢，那我真的會嘔死！

但現在已經騎虎難下，臨時說生病也不好，不肯面對現實的我，在房間跟妹妹訴苦。最後妹妹實在受不了，於是直接搶過鍵盤在ＭＳＮ

上跟他說：「照片傳來看一下！」沒想到，對方打字突然變很慢，後來就說：「我好累，要睡了。」

等我一覺醒來，他就再也沒出現過了……

這件事我後來跟朋友提起，也當作笑談一件就過了。不過前天，堂哥傳來一句話：「我有他的照片耶！你要嗎？」

我當然不要啊！

就好像抽屜裡吃一半，還放了八天的麵包，後來才想到，裡面肯定都發黴了，你還敢去打開來看嗎？

註1 為「伸舌頭」的不標準發音。

註2 為「搓一下」的臺語發音。

相親惡女的婚活教戰

給女孩兒：

拉警報的女孩兒們，如果妳真心想趕快找到好男人，請時時刻刻警惕自己的所作所為，是否符合一般人對「好女人」的定義？

那些跟妳說「做自己就好了」、「會有人懂得欣賞真正的妳」的人，根本只是希望妳繼續用這樣女丑的人生來取悅他們而已！

我的慘痛經驗告訴妳：奇怪的行為只會吸引奇怪的人，請謹記在心！

給男孩兒：

有勇氣打給不認識的女人還能夠成功地約人家出來，如果你有這個本事，現在就不會淪落到看這本書！

與其走這步險棋，不如從加個Skype、facebook開始，透過對方的動態、暱稱更新來找出共通的聊天話題，到了這年紀，女孩們都知道，「聊得來」比「長得帥」重要多了！

我有他的照片，妳要嗎？
當然不要啊！就好像抽屜裡有吃一半，還放了八天的麵包，現在才想到裡面肯定都發黴了，還敢去打開來看嗎？

長香菇的金城武
說得也是…只是長得這麼像金城武的麵包我頭一次看到。

窸窸窣窣的衛生筷塑膠袋聲

那些男人好不容易幫對方「自我介紹」完後，場面又冷了下來，沒人敢開話題，還開始交頭接耳，講起一種充滿暗號的神祕語言……最後，每個人為了找事做就只能玩筷子，整桌就只剩下窸窸窣窣的衛生筷塑膠袋聲……

NO. 03

精通火星文ＲＤ男
年齡：好像是27歲
職業：軟體工程師
外貌：來了一堆長得一樣的人，我哪知道是哪一個啊……

話說，我從bitch雲集的彩妝業好不容易跳到男性密度最高的科技業，不見識一下傳說中存款多，卻都交不到女朋友的ＲＤ（研發人員）到底有多宅，怎麼對得起自己？好友莎莉為了一雪前恥，多方打聽之下，又再次安排了一場相親。

這次的男主角據說具有傑出的學術背景，會想介紹給我，是因為聽說對方也嗜看非主流電影，但因為個性相當害羞，所以莎莉必須假藉一起吃中飯的理由誘其出洞。

結果他身邊知道內情的同事也都跟來了，不知道是想見識一下相親場面有多尷尬，還是想一窺本人號稱十樓正妹公關的廬山真面目。最後這場相親午餐，竟然來了六個人！

因為是假裝不知情的相親（對方是真不知情還假不知情我不知道，但我勢必要假裝不知情以維持女性的尊嚴），所以去了很平常的麵店。一坐下，大家便面面相覷，莎莉還自以為炒熱氣氛的開場：「大家自我介紹一下啊！」靠！整個讓我感覺像在救國團一樣，為什麼不乾脆玩飯桶開飯算了！

而那幾個男人呢，好像有女性動物出現在周邊五公尺範圍內，就會不知所措，兩兩推來推去後，才鼓起勇氣互相指著對方說：「他叫愛力克斯」、「他叫馬克斯」，講完很快就低下頭了。連講自己的名字都做不到，這情況我也看得一頭霧水，是在玩交換身分嗎？這樣我哪記得住啊！

那些男人好不容易幫對方「自我介紹」完後，場面又冷了下來，沒人敢開話題，還開始交頭接耳，講起一種充滿暗號的神祕語言——「那種情況下就是沒辦法辨識ＡＳＰＸ的原始碼」、「你應該要把編譯出來的執行檔設成ＤＰＥ」……我完全聽不懂也插不上話，瞬間有如置身於火星地表。

最後，每個人為了找事做就只能玩筷子，整桌就只剩下窸窸窣窣的衛生筷塑膠袋聲。

場子被搞得這麼冷，身為一個專業公關與活動企畫人員，當然「凍尾條」，反正，我已經頓悟今天這攤沒什麼好貨了，當然也不用假裝什麼氣質賢淑！於是我忍不住跳出來當主持人：「ㄟ～（吳宗憲式的ㄟ～）你們知道我們行銷部都在幹嘛嗎？」雖然嘴巴上主持著節目，我心裡卻在ＯＳ：「什麼時候，我才可以不要再當主持人呢？」

我有時還滿擔心自己太活潑，會不會讓男人覺得「這女人一定很愛玩？」可是，一個場子總是要有人主持吧？經過這一次，我想我可能還是先不要往ＲＤ這個領域發展，雖然ＲＤ貨源很多，但那一場午餐，我完全記不得任何人的名字，也只記得一個人的長相（但我不知道他叫什麼名字！），最重要的是——男主角到底是哪位啊？腦中只剩下，窸窸窣窣搓衛生筷塑膠袋的聲音……

相親惡女的婚活教戰

給女孩兒：

誰說活動很無聊，妳就一定要負責搞熱氣氛？又是誰說，有尷尬場面妳就一定要跳出來主持？這種總是把事情攬上身的心態，就是妳交不到男朋友的主因！什麼事都要作主，男人怎麼會覺得自己有用武之地呢？

給男孩兒：

廣大的阿宅同志們，我知道有的女人很可怕！幹行銷的、做公關的，長得還不錯，頭腦又動很快，對你們來說可能是最可怕的一種！但是，今天對方都出來相親了，代表其實她很「缺」！所以，你只要做好三件事——好好講出自己的名字，回答她每個問題，最後跟她要ＦＢ。說不定，正妹就被你把到了！

惡女真情相談室①

沒對象就算了，連女人該有的矜持都沒了！

這一連串飯局我根本就是二話不說、來者不拒，只要有約就非常敬業地接下，不問年齡、不問職業、不管地點，比康健人壽還好客，沒想到我沒有對象就算了，連女人該有的矜持都沒有了啊……

這個月內non-stop的進行了四場飯局。

第一場是由大學同窗妮可發起的，這女人自高中後就沒單身過，因此對於聯誼的認知還停留在九〇年代，都二十八歲了還上ＰＴＴ聯誼版找人聯誼！

來的是四位同齡科技業清新宅男，我方則是三個難搞的媒體業冰山粉領。席間，大家進行著非常相敬如賓的談話：聊工作、科技業發展，以及以前在學校參加什麼社團等等。

由於對方太正常，以致於回來之後遲遲想不到梗可寫成文章，甚至還刻意跟對方用ＭＳＮ聊了兩、三個禮拜想找出破綻，結果竟然一直都沒有！也就是說，當天白白花了六百塊吃了普通到爆炸的飲茶，雙方萍水相逢後立即分道揚鑣，這種感覺跟中午吃飯與人併桌有什麼兩樣？

姐妹中的首腦溫蒂聽到我們聯誼無功而返，深感惋惜，便邀我一起去參加她的小學同學會。當我跟看得上眼的男士聊完一圈後，發現這幾位雖然是單身沒錯，但是都已名草有主。

我大為光火地怒斥溫蒂，這傢伙竟然回答：「反正還沒結婚，就先認識啊！那個彼得最近跟他女朋友不是很好，說不定有機會喔！」（難道女孩子只要被男朋友求婚之後，整個人生的幸福指數就會破表，陽光到認為世界和平、佛光普照了嗎？）

吃完後，主辦人問要不要去續攤，我在眾人注目之下，也只能點頭答應。結果一出店門口，雖名草有主卻還沒結婚的潛力股全找藉口閃了，剩些胖的、結婚的、還有我不記得的，當他們一群人鬧哄哄地過馬路的時候，在隊伍最後面的我真的很想趁紅燈時落跑……

隔週末，同事朵麗絲臨時想起一位學弟剛學成歸國，堪稱學歷優、氣質優、外型優，是百年難得一見的上等貨色，拍胸脯保證這次我會滿意，不妨一起去小酌一下。

然而朵麗絲有所不知，我的品味一向古怪，人家太過於完美我反而沒ＦＵ，最後飯局是以優質男被拱上臺跟辣妹服務生一起搖呼拉圈，我跟朵麗絲在臺下鼓掌叫好做為結束……

妮可了解我可能還是要陳年老酒才對味，於是託她的律師哥哥介紹，安排我參加他們一票兄弟的聚會。

聚餐的地點是臺北市一間知名的臺菜餐廳。身為新北市連鎖熱炒店的千金，我本身也是挑嘴得要命，但這間店真是了得！滷豬腳、紅燒魚好吃也就算了，連燙地瓜葉都好吃是怎麼回事？

在美酒佳餚相伴之下，席間氣氛極佳，令我突然領略到相親的至高真理：**配對成不成功是無法掌控的，我們只能控制餐廳的菜好不好吃**。如此一來，相親者可以將希望寄託在餐點上，不但能有效降低對相親對象的期待值，也能強化隨緣的心情，進而達到態度輕鬆、落落大方的最高境界。

在這樣愉悅的氣氛中用餐，絕對有助提高整體成功的機率。若配對失敗，可當今天是場美食饗宴；若配對成功，就是撿到的啊！

因為心情非常放鬆，所以我並沒有非常嚴苛地審視當天的對象，或在心裡批判對方的言語行為，雙方自然地閒話家常。沒想到和對方很聊得來，後來不但男方很紳士地送我回家，彼此也互留電話，讓我覺得真是「有吃又有抓（臺語）」，非常滿意。

隔天，妮可來電詢問我對男主角M先生印象如何？我大大嘉許她果然非常了解我的口味。

她聽到我心情不錯，鬆了一口氣說道：「真是太好了，昨天之前我哥一直很擔心，說妳一個人都不認識就要來參加一群臭男人的聚會，**沒想到妳一點都沒有矜持，**

很放得開，下次還要再約妳。」

瞬間我臉上一陣熱湧上來。對啊！這一連串飯局我根本就是二話不說、來者不拒，只要有約就非常敬業地接下，不問年齡、不問職業、不管地點，比康健人壽還好客，一般女人應該不會這樣吧？沒想到我沒有對象就算了，連女人該有的矜持都沒有了啊……Orz

相親惡女的婚活教戰

給女孩兒：

太奇怪的場合還是不要去了，好嗎？雖然冰山溫度的確是要升高一點，但不要認為至今單身全是自己的錯，結果矯枉過正、來者不拒。

我可告訴妳，爛貨看多了自己的氣場也會衰弱喔！到最後只會造成妳對相親萬念俱灰，反而散發不出閃閃發亮的魅力。

給男孩兒：

除非你跟姐一樣相親成精，或是職業就是跟人聊天，不然對一般人來說，要在相親這種場面不停開話題是很難的。

建議先請中間人問女方可不可以加ＦＢ，拿到後請勿急著對每條留言按讚！我必須很老實的告訴你：沒人想一天到晚看到一個不熟又不帥的男人按讚，可不要還沒認識就先被扣分。

一開始只要先默默觀察就好，等到飯局時再拿出來聊：喜歡的餐廳、樂團、電影……都是很好的話題。不過千萬切記把握住一個原則——聊你懂的話題，要不然也先做做功課，否則就算開對話題，結果自己沒話可接，那我只能說：「恭喜你，豬頭這稱號你真是當之無愧。」

清明節的命中註定？

他長得很白淨沒錯，但是給人的感覺好像我大學時代的乖乖牌男友，積極上進的態度也很相似。也許是我的問題吧？也許就是因為我總是愛上不穩定的男人，又想要穩定的關係，才會走到今天這樣的死胡同。

NO. 04

指腹為婚的有為青年

年齡：28歲

職業：自營保養品進口貿易

外貌：高高瘦瘦、戴個無框眼鏡，典型的斯文書生樣。

老實說，縱使理性冷酷如我，也還是曾跟姐妹淘大老遠從臺北開車到彰化百果山去算命。根據「老師」的指示，我今年的姻緣要靠「極為親近的長輩」才能牽成。

這令我猛然想起，好幾年前聽爸媽說在獅子會有位「獅姐」，家中獨子年紀與我相仿，正在澳洲深造。恰好當年的我也要到澳洲打工遊學，家母見機不可失，立即熱心地要介紹我們雙方認識，希望我們在異鄉互相扶持、患難見真情、先上車後補票。

當年才二十五歲的我，對「爸媽介紹」這種事真是嗤之以鼻，便很跩的回應說：「先給個email來就好。」老媽雖不知道「伊妹兒」是什麼鬼，但還是小心翼翼地跟對方父母要來一張寫了串英文字的紙條回來。

不料此紙條字跡模糊，有一個字母還暈開，從顏色上大概可推測當天他們去作客時喝的是普洱茶。

總而言之，我們就如同幾米繪本《向左走、向右走》的故事情節般，陰錯陽差地錯過了。但從此之後，雙方父母卻擅自以「親家公、親家母」相稱至今，明明男、女主角根本就互不知道對方的存在！

不過，正如《祕密》這本書所講的，當你很想完成一件事時，整個宇宙會有一股祕密的力量來幫助你。就在我發下宏願要完成「史無前例相親千人斬」的壯舉沒多久，老媽就捎來好消息說，我那（不知何時）指腹為婚的對象從澳洲回來了！

雖然一想到是爸媽介紹的就覺得應該會很「解晦」，但是身為女性，不得不承認我內心深處還是有個清純的少女，害羞地竊想著：
「說不定這就是命中註定的呢？」（玩手指）

以下是我想像中的相親場面：

高貴的飯店中，兩位主角與雙方父母正襟危坐，相當緊張地找話題聊，但場面還是有點小尷尬，好不容易吃完飯，男、女主角各自找藉口開溜，跑到中庭去透透氣，卻還是遇到對方……

男：「不好意思，我爸媽就是那麼嚴肅……」

女：「不會，他們人都很好……」

微小的愛苗此時悄悄地開始萌芽。

但現實人生，偏偏就不會如你所願：

清明節一大早，老爸狂敲我的門，吵醒我之後，只丟下一句：
「今天要去掃墓！」我心不甘情不願地放眼望去，家裡也只剩下我一個未嫁、又不需加班的女兒，只好認命地到山上去幫忙除草。

好不容易頂著大太陽、揮汗如雨地清掃完成，老爸龍心大悅，回程路上竟然靈機一動說：「好想到親家的麵店去吃麵。」

我就這樣毫無防備地穿著褪色不合身、上面還沾有鬼針草跟蚱蜢腳的舊T恤，瞬間被載到相親現場……喂！我指甲裡還有泥土耶！

麵店位於傳統的菜市場內，很理所當然的被夾在豬肉攤與水果店中間……沒想到這居然是我的相親場所！

男主角在麵攤後方的店面自營保養品銷售，類似街坊上的資生堂媽媽店，我趁著等麵來的空檔，假裝很隨性地進行突擊，終於見到這位我久仰大名的指腹為婚對象！男主角看起來的確是十分討長輩喜愛的長相，高高瘦瘦、戴個無框眼鏡，典型的斯文書生樣。跟我一樣還沒三十歲，卻頗有創業精神與生意頭腦，自行代理澳洲留學時所接觸到的美容產品，利用直銷的方式拓展銷售網路，事業已小有規模。

「這種保養品放不久，你這樣靠自己一個人賣，會不會有存貨壓力啊？」我很實際地關心起他的經營策略，忘了自己是來相親。

有為青年遞上一張名片，上面印著幾隻澳洲味十足的小綿羊與袋鼠，質感一摸就知道是自己用印表機製作的。

「有興趣的話，可以上我們網站看看喔！」他自信且笑臉盈盈，對照這破舊的小店面，這股創業家精神實在令人肅然起敬。愈跟他深談，我愈感到無地自容，怎麼人家去澳洲念書回來就闖出一番事業，而我只帶回一場失戀？

由於我此次是微服出巡，並沒有表明真正目的，聊完他的創業經，不宜再切入過於私人的問題，所以話題一時無以為繼，我趕緊藉口：「麵來了！」便逃回麵攤裡。

親家母放下手邊的工作，親切地招呼道：「你們年輕人放輕鬆，交交朋友壓力不要太大。」我吃著愛心陽春麵心裡想：嗯，我還滿喜歡他媽媽的。

不過，後來我並沒有積極跟有為青年保持聯絡。他長得很白淨沒錯，但是給人的感覺好像我大學時代的乖乖牌男友，積極上進的態度也很相似。

想當年，我就是受不了他那種規律、積極、自我要求的個性，才跟那位親友皆稱為「人間至寶」的男友分開的啊！也許是我的問題吧？也許我還是在追求戀愛的感覺，**也許就是因為我總是愛上不穩定的男人，又想要穩定的關係，才會走到今天這樣的死胡同。**

第四次的相親心得——算命真的不準！

相親惡女的婚活教戰

給女孩兒：

不管是清明節還是端午節，只要是妳還想談戀愛的一天，女孩們都應該隨時保持美麗的形象，以備不時之需啊！除了能在好貨色一閃而逝的瞬間互相留下好印象，打扮漂亮也會提醒自己現在正在找對象，把披頭散髮的樣子收起來吧！

給男孩兒：

「男人不壞，女人不愛」這句話有些人同意，有些人不贊成。但對某些女人來說，條件太好、太過嚴謹也是一種負擔啊！

面對黃金極品卻沒FU，喔，NO！

這個男人有著一百七十五公分的恰好高度、知青風格的眼鏡、文藝派的小山羊鬍——不但是我的菜，還是我最魂牽夢縈的一道菜！奈何我他媽怎樣就是不來電！

NO. 05

99分極品男

年齡：32歲

職業：汽車品牌行銷經理＋房地產投資者

外貌：有著一百七十五公分的恰好高度、戴著知青風格的眼鏡、蓄著文藝派的小山羊鬍，穿著極簡有個性

原來，相親這件事也可以熟能生巧，漸漸達到遊刃有餘、無入而不自得的至高境界。

這樣有感而發，各位可能會以為我又碰到了什麼奇人鳥事，先別太早下定論，因為相親劇碼總是朝著與心裡嚮往的反方向發生。從一開始的浪漫期待落得要吃阿鈣，到現在心如止水、半進尼姑庵……我真的開始自暴自棄的想說：來吧！反正奇人異事、牛鬼蛇神才是我書寫的原意！沒想到，接下來的對象一個比一個還正常！

同部門的朵麗絲上個月聽說我開放招親的事，也立刻說有個「優到Ｋ金」的對象要介紹給我，可是她懶得幫我想要怎麼約見面，竟直接把我的名字跟電話傳給對方，搞得我好像是機車上常被貼的傳播妹廣告紙條一樣，當然，下場也一樣是被風吹得無影無蹤。

後來聽說對方交女朋友了，朵麗絲大呼可惜，只好暫且擱置介紹之事。過了近兩個月，朵麗絲又跑來說：「他又單身了、他又單身了！」非常有效率地安排我們在她舉辦的品酒會上見面，這次定案快速的就像是搭捷運時你站著，旁邊座位上的人好不容易下車了，要趕快給他坐下去一樣。

為了讓朵麗絲有面子，當天我相當上道的精心打扮去上班，卻看她一臉猶豫擔憂的樣子，下午她終於誠實招認：「我朋友有事可能不會去了，妳……不會失望吧？」

朵麗絲有所不知，隨著相親次數的累積，我早已被磨練到心如止水，對萬物皆持平常心的境界。如今，雖然外表上打扮得像是安心亞，其實內心穿的早已是尼姑裝，來的是人是鬼、還是根本沒來，都不會影響我的心情。除了有一件事情我最在乎，非問不可：「所以我今天去還是不用付錢吼？」

也許是朵麗絲看我穿得極辣，沒派上用場真可惜，晚上又死拉活拖地把那位男人喬過來，讓我終於見到廬山真面目。朵麗絲不愧是我在公司最麻吉的同事，一出手便知有沒有。這位男人有著一百七十五公分的恰好高度、知青風格的眼鏡、文藝派的小山羊鬍，超・級・像・我・前・前・前男友——不但是我的菜，還是我最魂牽夢縈的一道菜！

我們手握香檳，從餐廳十二樓落地窗欣賞臺北夜景，正如所有相親應該呈現的氣氛，兩人有點興奮、又有點緊張地互相探問對方生活背景。舉手投足充滿紳士風度的他，給了我相親傳說開跑以來，我認為應該要有，卻令人氣憤地從來沒有過的，美女應得的禮遇——對我投以欣賞的目光、我「練肖話」（說瘋話）他都會笑、開車送我回家——光是這樣，我就願意下次自費跟他出去。

後來跟這位男士出去了幾次，對方實在是風度翩翩又聰明浪漫，奈何我他媽怎樣就是不來電！更不應該的是，當時年紀小不懂事，以為沒戲唱就不跟人家繼續做朋友保持聯絡，現在想吃回頭草也只能啃泥巴了！

謝謝這位慈悲的男士，雖然我們沒有成功，我相信你還是會如同早上的板南線一樣，座無虛席。

相親惡女的婚活教戰

女孩兒：

女孩們，凡事留點餘地，未來的事很難說，千萬不要隨便切斷周邊的關係鏈，以免到時候後悔莫及啊！

給男孩兒：

如果心儀的女人始終都無法得手的話，就先放著，偶爾聯絡，讓她記得有你這個人，說不定哪天真的因為某件事讓她驚覺你的好。

最要不得的就是還沒有太大把握時，就邀她來你舉辦的派對活動，因為你肯定沒空專心招呼她，而她明明不喜歡你還出席，就代表她還想多認識其他男人，最終下場，就是她被你朋友追走。（以上為真人真事）

午休相親應該會成為流行風潮喔！

所謂中午時段，其實是個進可攻、退可守的黃金時段。若話不投機，吃完可名正言順閃人，不需要再想接下來要去哪續攤或送對方回家；反之，若稍微有點機會，還可進一步問對方晚上有沒有什麼節目，星期五嘛！一切自然盡在不言中。

NO. 06

百密一疏抖腳男
年齡：36歲
職業：零組件廠業務經理
外貌：瞇瞇眼、小平頭、金框眼鏡與五角臉。說實在的，若是午餐時間站在科技園區大樓的門口，大概八秒鐘就有一位符合上列描述的男子走過。此君較為出色的大概就是他一八〇公分的身高了！很好，臉離遠一點，這樣我才不用看得太清楚。

公司部門裡只有我一位碩果僅存的單身妙齡女郎，因此已婚或有伴的同事都相當積極幫我介紹對象，以換取茶餘飯後的故事來談論，完全沒有在意在江湖打滾、傷痕累累的是我本人哪！

這次，同事把我放上了網站當模特兒，只差沒在我臉上打上

「Now Available」（開放報名），不過的確更提高了能見度，立馬有人來洽詢。

男主角在科技業上班，又擔任行銷業務，兩人很容易有話聊。不過年紀長我大概八歲，連使用MSN口氣都相當有禮貌。每天第一次傳訊息過來時會先說：「嗨！」聊天告一段落後，不會默默把視窗關掉，而是說：「妳先忙吧！下次再聊。」過去我太偏好油嘴滑舌、打情罵俏的模式，難得碰上這種平實路線，不禁也油然而生一股好奇心。

不愧是老業務，男主角相當有策略的約星期五中午吃飯。你們可能心裡在想：中午是個什麼爛時段，只能吃一個小時不是很趕嗎？而且整個人心態還是上班模式，很不放鬆吧？

這真的就是內行人看門道了！所謂中午時段，其實是個進可攻、退可守的黃金時段。也就是說，若雙方話不投機，吃完可名正言順閃人，不需要再想接下來要去哪續攤或送對方回家；反之，若稍微有點機會，還可進一步問對方晚上有沒有什麼節目，星期五嘛！一切自然盡在不言中。

約定的當天，對方一早就告知已上網找好喜歡的餐廳，並約定提早十分鐘開車到公司來接我。搭電梯下樓時，我對著鏡子攏了攏頭髮，心想：「雖然對對方沒什麼期待（因為多次栽在熟男手中），但女孩子有人追的感覺還是挺好的。」

終於見到了本人，看起來比實際年齡年輕了四、五歲，上車時很有風度地幫我開車門，下車時也會搶著幫我拿東西。因為都在科技業工作，有許多共同話題，這頓午餐相談甚歡，還聊到各自對感情的看法，看來一切順利，於是就進階到下一個行程——去他最愛的咖啡廳吃甜點。

可能我裝淑女的功力有進步吧，看得出他眼神散發著讚許的光芒。但是他從我這邊得到的分數不多，因為他兩次打斷我正在說的話，竟然只是為了叫我趁咖啡還熱、霜淇淋還冰的時候先品嚐，才能嚐到好味道。（打斷水瓶座的女人說話耶！兩次耶！而我現在還坐在座位上，老天有眼，應該看得出來我有真心在改進吧！）

看在還不熟的份上，我笑笑地等他說完，吃了一口霜淇淋後，他也沒回頭問我剛剛說什麼，而是很自得意滿地問：「看吧，是不是很香？」

我報以甜美的笑容回答：「真的耶！真的好香喔！」呼，實在裝得好累。

後來跟這位男主角並沒有後續的互動，不只是因為講話被打斷這等鳥事，而是因為另一件更鳥的事——隔週末，男主角為了製造機會，邀當時牽線的朵麗絲三人一起來個午餐之約，結果朵麗絲竟然表示：「其實我跟他根本沒有很熟啊！只是他看到妳在我ＦＢ上的照片，我就幫忙交換ＭＳＮ而已。等等……我想起來他有一個缺點，我很受不了——他會抖腳！天哪！你們還是自己去吃吧！」

於是可憐的、鄉愿的我、長個兇樣其實很孬、不敢拒絕別人的我，只好再次硬著頭皮去赴約。

當天不知是不是心理作用，覺得整個桌子都抖了起來，抖到我無法思考、無法拿好筷子、無法對準菜夾下去……還順便發現了更多缺點：牙齒很黃、吃東西很大聲、穿黑褲子卻配白襪子……我真恨不得趕緊開溜！於是，殷勤穩重的形象，終究也在一週內宣告幻滅。

相親惡女的婚活教戰

給女孩兒：

根據本姐的臨床實驗證明，至少有一方不知道真面目的相親，成功機率是最高的，不但可以自然地表現自我，後續聯絡也無「是否要追」的壓力。

因此無論是幫忙介紹對象或急需被介紹對象的女孩，安排一場藉口為「大家公司都在附近，所以一起吃個飯」的午餐之約，其實是個非常好的安排唷！

給男孩兒：

我本來想告訴大家：「就算沒有錢、沒有車，只要有心就追得到女人。」這種場面話，但仔細想想，你我都已經慘到這種地步了，是該有人說老實話的時候了吧！

這麼多年沒交女朋友，你省下來的那些生日禮物、開房間跟電影錢，早就多到可以買部車了！去買吧！接下來的把馬子之路會超乎你想像的順利。

蛤？你說就算沒女朋友也沒存到多少錢？那你活該沒女朋友啊！誰要跟這麼沒有人生規畫的人在一起啊！

午休相親應該會成為流行風潮喔！

惡女真情相談室②

單身是公害？

對於生性喜愛自由的人來說，單身其實挺不賴的。但當多年來一起跑趴的玩伴都一一嫁作人婦後，窮途末路的我，開始每日早睡早起，把去夜店才會穿的暴露衣著丟掉……我的人生至此已變黑白，意志消沉到谷底。

這是連續第八個週末上演同樣的場景：老媽接到朋友電話要約去喝下午茶，精心打扮準備出門時，看到她二八年華的女兒，中午十二點還穿著睡衣吃早餐。

這位太太突然覺得自己很沒義氣，覺得是不是應該留在家陪女兒、煮飯給她吃，以免女兒自怨自艾想不開？幸虧經過我再三安撫，老媽才安心出門。

我也開始驚覺，原來年紀過大的單身女兒既不好好打扮，假日還不出去走跳，真的會讓媽媽擔心，這也讓我開始認真考慮，實在應該交個男朋友才對（菸）。

我發現自己雖然很努力進行相親傳說，卻並非由衷地想交男友，根本只是沒事找事做。畢竟這幾年的自由之身還算開心，非常享受不需要過情人節、出門的時候可以瘋狂逛街、不用假日不想出門還得硬要想節目、看電影只能看戰爭／動作片，也不用顧慮身邊人的心情。**老實說，如果好姐妹都在，又沒有很喜歡的對象，男人真的沒為生活帶來什麼好處。**

心血來潮，我做了一點分析：

對象	男友	好姐妹
錢	省很多	會變少
喝酒聚會	減少	Absolutely yes！（一定要的啦！）
逛街	減少	That's the whole point！（不逛不行）
跟別的男人玩	（應該）不行	Oh, yeah～（抖眉毛）
性生活	有買彩券不見得就能中樂透	關機久了就習慣了

對於生性喜愛自由的人來說，單身其實挺不賴的。但當多年來一起跑趴的玩伴都一一嫁作人婦後，窮途末路的我，開始每日早睡早起，把去夜店才會穿的暴露衣著丟掉，長假就在家裡幫媽媽做家事，我的人生至此已變黑白，意志消沉到谷底。

唯一沒嫁到國外的溫蒂知道我寂寞，雖然不能在一起做一些亂七八糟的事，至少週末還會故意說跟老公都老夫老妻了，好膩喔！找我出來小酌。

因為她實在太有義氣，害我忘記是自己的單身造成別人困擾，還精心策畫要出國玩樂，正當我相當感念上天賜給我這樣一個重義氣的好朋友時，傳來一個晴天霹靂的消息——溫蒂懷孕了！

結婚對現代女性來說，早已不等於「失去自由」，但懷孕絕對是！我腦海中如跑馬燈一般閃過這些年來這位女士陪伴我的點點滴滴，以及許許多多骯髒齷齪、不可告人的祕辛……天哪！我還沒準備好接下來十二年都看不到她！以後週末出來聊天聚會，也必須在奶瓶與尿布中分享我的少女心事了。

悲痛中的我還是立刻回到現實，第一件事就是趕快上網退機票。一想到失去溫蒂的痛苦，以及即將逼近的聖誕節、跨年、情人節三連發，我竟然失神地按下了那個總出現在部落格上方的紅娘公司廣告——並註．冊．了。

其實我很早就想註冊了，因為相親傳說早就面臨瓶頸，相親對象都是靠朋友介紹，我還把人家當笑話寫在這邊，實在是非常失禮；再說，我也已經相親成精，很快就能判斷跟對方合不合拍，貨很快就篩選光了，因此需要往上游找大盤商供應才行！

於是，我毅然決然簽下相親會社寄來「我是單身」的切結書，並好奇地等待揭開它神祕的面紗……

相親惡女的婚活教戰

給女孩兒：

沒錯，我也覺得衝事業很重要，但擁有自己熱血沸騰的嗜好更重要，一個人想出國馬上就出國更重要……「有姐妹陪就好了，男人算什麼啊！」

對，我也是這麼想。可是驀然回首，妳會發現好姐妹全嫁光（拍肩），義氣是三小？我只知道一個人好淒涼！

姐告訴妳，義氣不值錢，有任何新男人就放在口袋裡慢慢養，這是妳再多錢也買不到的。

給男孩兒：

狀態	有女友	跟哥兒們混
錢	會想要一起存錢	全花在喝酒跟最後那項上
喝酒聚會	週末會一起去發掘有趣的小酒吧	大家結婚以後根本都約不出來，馬的一堆妻管嚴
打電動	會比較節制，作息也因此變得正常，黑眼圈不見了	打到昏天暗地血糖低
瞄別的女人	找死啊	如果道行不夠高，瞄再多也是看得到吃不到
性生活	這條真的省很大	有一餐沒一餐

相親會社初試牛刀好血腥

美髮沙龍男提到自己對生活的理想、態度以及興趣，竟然比之前那些所謂出身臺清交的工程師還更與我有共鳴……隔天對方很積極主動地傳來MSN訊息，約我去看地下樂團表演（明明看起來不像我會有交集的人，可是怎麼可以這麼中啊!?），我卻找理由拒絕了……

NO. 07

美髮沙龍男

年齡：35歲
職業：美髮產品業務經理
外貌：瘦黑高的Tony老師

參加相親會社令人最疑惑的是，到底是什麼樣的男人，會付一年五位數的會費來找對象？這種行為跟購買越南新娘雜誌又有多少差別？此時，過去朋友想介紹給妳、卻被嫌到不行的「宅男工程師」，反而變成最能接受的對象，因為如果不是工作環境沒有女人，真不敢想像還能有什麼原因讓他們踏入這裡，這實在是相親會社的原罪哪！

今天，就讓我來為大家揭開這神祕的面紗！噹啦～

從對方是業務這一點可以看出，因為我是第一次，於是紅娘刻意安排一位比較健談的對象給我，讓我能夠第一次相親就上手。

一開始，我對會花錢來相親的男人好奇不已，但深入了解才知道，這個年紀的男性有很多人已經有想要結婚的需求，但不是每個人都像我從事廣告行銷，工作環境是個花花世界，三教九流、任君挑選，還有許多人每天可接觸的對象有限，更別說還要從中挑選跟自己理想、興趣都吻合的人。

美髮沙龍男就是其中之一。因為工作的關係，每天能去的地方就只有美髮沙龍，如果不想跟髮廊小姐交往的話，那大概只剩下老闆，問題是老闆都是些中年男子（腦中浮現沈玉琳的樣子，或是任何拉皮條的形象-_-）。

美髮沙龍先生用略帶臺灣國語的腔調侃侃談起自己的生活態度，說他白手起家拚了十年，現在終於擁有的理想生活——早晨到擁有河景的咖啡店看看報紙後，再展開一天的忙碌；下了班自己做菜享受美食；放假就去郊外拍攝自然美景，忘記纏身的俗事。

他提到自己對生活的理想、態度以及興趣，竟然比之前那些所謂出身臺清交的工程師還更與我有共鳴（難怪他在髮廊找不到對象）。但是，得知他學歷還不到大學這件事（相親會社竟然用「大專學歷」這個字眼蒙混過關），還是令我吃了一驚，也很難不在意。

請不要說我眼睛長在頭頂上，大家憑良心講，換作是您花錢入會，難道不希望對方至少可以與您平起平坐？為了不讓他覺得自己矮人一截，我刻意對自己的學經歷輕描淡寫，也非常注意不要用太文謅謅的字眼。這也造成我無法完全放鬆聊天，又覺得自己彷彿是在坐檯，放空之餘又不小心注意到，他想必因多年菸癮而造成的泛黃牙齒及手指。

因為覺得很不搭調，隔天對方雖然很積極主動地傳來ＭＳＮ訊息，約我去看地下樂團表演（明明看起來不像我會有交集的人，可是怎麼可以這麼中啊!?），我卻找理由拒絕了。

又過了一天，他傳簡訊來關心我工作找得怎麼樣？我不改一貫冰山的態度，只回一些「還好」、「很累」等不超過三個字的簡訊。為了誠摯表達關心，他竟然直接打電話來，但我們根本還算不上朋友啊！因為害怕接起來也不知道說什麼，把自己陷入尷尬的局面，最後我沒有接這通電話。

眾友人都相當期待的相親第一砲，就在本人手足無措、冷淡對應之下，默默地結束了。初次體驗相親會社的我很迷惑，難道我這樣東挑西揀，真的是我的標準太高了嗎？但如果第一次見面就覺得對方不符合自己的條件，為何還要繼續聯絡，浪費彼此找到真命天子／天女的時間？

不過話說回來，一號先生後續殷勤的聯絡程度倒是在之後所有相親對象身上都看不到的，實在也讓人很感嘆……**學歷越高的人，好像多了矜持、少了單純表達的勇氣！**

相親惡女的婚活教戰

給女孩兒：

如果還算聊得來，先做做朋友也不錯，不用這麼快就界定彼此只能存在男女關係，畢竟過了三十歲，還能找到一個聊得來又單身的朋友很不簡單啊！偶爾碰個頭、聊聊相親心得，也能感到沒那麼寂寞！

給男孩兒：

明明是美女卻單身到現在，想也知道對方可能不擅長跟男性相處。這種女人的罩門在於「必須要知道男人接近的目的，才能決定相處方式」，因此男人攻勢若很明顯，很快她就會落入「要不要繼續跟這個人聯絡」的二分法抉擇。

反之，若此時男方的行動愈不明顯，她就愈無從反擊，「木馬屠城」就是最佳策略！如果追求不成，也能全身而退、漂亮謝幕！

沙豬GET OUT!

有的人長相其實很OK，奇怪的是當他一出現，四周的氛圍就會讓你不是很舒爽。縱使他其實長得尚稱端正，但只要一個感覺不對，就會開始挑他毛病……

NO.08

鬼見愁沙豬男

職業：某工業電腦品牌工程師

年紀：28歲

外貌：很平常的髮型、平常的眼鏡、平常的身高，不過有著令人印象深刻、傾斜角度達三十度的八字眉！（要知道，以我在相親界的資歷（啥？），我能夠記得的沒幾個，而他卻絕對可以擠進前三名！）

為了安全起見，相親平臺幫男女雙方安排第一次見面地點，都是在他們公司。公司裡有一區是有以隔板隔間，裡面放著小圓桌椅，有一區則是幾間封閉式包廂，門關起來就完全與世隔絕。

每次輪到要坐包廂區時，我就特別緊張，不管來的是人是鬼，接下來一個小時我都要跟他困在這個狹小包廂內猛找話題，而且我還不能收費。

果然，門一打開，我就感覺很不妙。根據紅娘大姐在電話中的描述，這是一位「很陽光的大男孩」，但敝人在下我還算見過一些世面，還不致於會相信「陽光男孩」會花錢跑來參加相親。

也沒錯啦！這位先生外表上其實沒什麼大問題，除了他那對傾斜到讓我想要浸幾片艾草在水裡然後灑在身上的八字眉、雙手抱胸並兩腿開開的自負坐姿、以及看起來很猥瑣的眼神。服裝上算是過得去，卡其色襯衫外搭一件咖啡色背心、黑色工作褲，十足工程師的扮相。

在不起眼的外表下，八字眉哥唯一能跟「陽光」兩個字沾上一點邊的，大概就是他那彷彿發自丹田深處的笑聲，但單憑這一點就可以號稱「陽光男孩」，也太廣告不實了吧！按照這種標準，我肯定已經是聯誼會員間傳說中的「白歆惠」了吧？

不免俗地，開場我們還是先交換了一下基本資訊：工作、興趣、未來展望。八字眉哥就是個規矩人，走著規矩的成長歷程，所以雖然才二十八歲的年紀，就已想到要開始安排相親，好在設定好的年齡成家。

無趣的對話讓本姐在心中翻了無數次白眼，只好連自己想換工作都拿出來當話題。八字眉哥打量了一下我的短裙後說：「妳怎麼不去做電子業務，女人做業務很吃香，我們大廳每天一堆女業務穿得超辣，坐在那邊等工程師，只要穿得很短，也不用做什麼，哈哈哈！」說完豪邁地發出相當具有個人特色的洪亮笑聲。

一時之間被突如其來的無禮言論嚇到，我竟然還秉持著以和為貴的心態（職業病又來了）客氣回應：「我是做公關的……跟業務不太一樣。」話一出口，我就開始懊悔，「做公關」在外行人耳裡聽起來就是一個非常需要穿短裙的工作啊！

「你也快要三十歲了，安安穩穩的工作為什麼要換？」八字眉哥的腳張得更開了，高談闊論起來：「女生啊，爬太高不見得好。還好你沒有念到博士、碩士，我來這邊，他們幫我安排很多都是碩士的女生，但是講話都怪怪的！哈哈哈！」天哪！我當場真的差點氣到中風！枉費有爽朗的笑聲，八字眉哥卻都浪費在藐視女性的言論上，還兀自談著自己遠大的人生抱負（不過就是在同一家電腦公司終老罷了）。

震懾於八字眉哥強大的自負氣場，我等一介知書達禮之人，還真不知從何擊破，最後是以瞠目結舌、無言以對結束這次面談。說真的，我超想對他說：「你那對看一眼我都會衰三天的八字眉，絕對是你交不到女朋友的主因。」

相親惡女的婚活教戰

給女孩兒和男孩兒：

不管是女性、男性，面對不熟的異性，勸你絕對不要提到任何你認為「是男人／女人就應該怎樣怎樣」的言論。你是來找對象又不是來上政論節目，辯贏了也沒床上！

如果真的這麼懂兩性應守的本分，不如好好檢討一下自己是不是過於大男人或大女人？現在都什麼時候了，什麼主義都是假的，交到男／女朋友才是真的！

對方雖不是超級大帥哥，但也算人模人樣，健談又開朗，工作也穩定，妳還有什麼不滿意的嗎？
他條件在相親界裡可是相當搶手耶！
瞎透了...
紅娘秘書

妳能想像身邊男人每天都這副衰臉看著妳，說話時兩腿大開直逼180度嗎？
我懂了！我懂了！快把腿合上拜託！
開
禁

開戶我OK，開別的……NO！

雖然他口沫橫飛的演講非常精彩，但說實話，在聽他講笑話的同時，我卻一直注意到他牙齒有一個地方不整齊，我的腦袋完全跟不上他的言語，有那麼一大段時間，我的腦中只有一個想法：真無法想像與他接吻會是什麼的感覺……

NO. 09

幽默粗曠男

職業：外商銀行理財顧問經理

年齡：34歲

外貌：浮潛教練貌——一百七十二公分左右，體格粗壯，皮膚黝黑，活潑開朗。

我必須承認，上一次相親經驗不是很愉悅，結束後我竟然搬出「我在媒體界有很多同學」的神主牌，狠狠地客訴了一番，外加要求免費升等。

一般女性遇到這種狀況，絕對不會再去第二次了，但想交男朋友到已經走火入魔的我，告訴自己一定要一步一腳印、好好努力才行！因此當紅娘祕書打來排約時，我又抱著開開眼界的心情答應了。

因為我沒來由地想保有一點女性矜持，總是不願比約定時間早到。而且當時還沒有哀鳳，太早到坐在那等，實在很考驗女性的自尊心，還得被迫聽隔壁組的尷尬對話，但遲到會被扣點數，所以需要非常精準計算，在約定時間過五分鐘之內翩然抵達。

因此，每次我坐到位子後，就會馬上看到今日會面者的外貌，然後趁著互相問好，眼神交會的〇．〇一秒內，經歷一段「期待↓驚疑↓失望↓接受現況（眼神死）↓其實也還可以啦！（打起精神）」的心路歷程。

這位約會的男主角外表粗獷，加上皮膚黝黑，如果戴上會反光的墨鏡再穿上短褲，絕對會讓人誤以為身處墾丁沙灘。

他帶點臺味的油腔滑調雖然一開始讓我有點難以接受，但畢竟從事業務性質工作，需要與各式各樣的人打交道，健談程度竟然可與我這個女公關匹敵，而且一開口就像脫口秀開演，隨口就講出三個笑話，爆笑到讓我當場淚流不止，有那麼一瞬間讓我忘記今天是來相親，差點拿出印章來開個運籌帳戶。

只可惜……黑不是我的菜啊！相親會社的需求表格上怎麼沒有色號讓我填？

雖然他口沫橫飛的演講非常精彩，但說實話，在聽他講笑話的同時，我卻一直注意到他牙齒有一個地方不整齊，我的腦袋完全跟不上他的言語，有那麼一大段時間，我的腦中只有一個想法：真無法想像與他接吻會是什麼的感覺……

相親惡女的婚活教戰

給女孩兒：

年輕的我真是目光如豆，浪費了一個人面蓋廣的理財顧問經理，早知道就該交換個ＦＢ、換張超美的大頭貼，多在對方的塗鴉牆上發言，提升在超級ＶＩＰ面前的曝光度才是王道！

給男孩兒：

讓女人笑絕對是破解陌生距離的最佳利器，但千萬不要讓女人只把你歸類為「很好笑」，卻無法認真把你當成對象，要適時釋放出「我會是很好的男朋友喔」的訊息，不經意的貼心小舉動，可以讓女人發現你的另外一面，留下驚豔印象，這樣你就踏出成功的第一步啦！

你好，我是Dolphin
這回的貨色如何哩!!
坐下
惡女絕對不早到
挖哩！健壯的體格，黝黑的膚色，完全不是我的菜啊...為什麼理想對象選項沒有膚色這選項?
ㄋ...
紅娘秘書是不是搞我啊?!今天又白搭了，我可不是神農氏來嚐百草的呀...
ㄧˇ...
髮型跟隻雞一樣也不想想自己的年紀，人夠黑了還戴墨鏡出門，耳垂太小，嘴唇太厚，牙齒不夠整齊...
ㄏ...
算了算了...外表也不是那麼重要，搞不好對方事業有成，談吐非凡，還是聊聊看再說...
ㄠˇ...
我是XXX
這0.01秒變五張臉的速度，已然超越了四川變臉，凡人是無法察覺的。
淡定

惡女真情相談室③

再回到原點

這幾年，「單身」是常態，「有男友」才是非常態，「有男友」才是那個突然闖進我的世界，讓我不能投入工作、旅行、飲酒作樂的突發狀況。因為太習慣一個人逍遙自在過日子，原本很積極相親的我，當真的有可能再近一步時，反而猶豫了起來。

這個看似哀怨卻ＫＵＳＯ，又帶給人一點渺茫希望的相親傳說，竟然從春天走到了秋天。話說回來，倒也不是全無進展，曾經也有一瞬間以為快要跨過那條線，最後又退回原點。

原來，單身是會習慣的。

以前總認為自己是在沒有男朋友的空窗期投入工作、旅行、飲酒作樂來填補空閒時間。結果不是。

這幾年，「單身」是常態，「有男友」才是非常態，「有男友」才是那個突然闖進我的世界，讓我不能投入工作、旅行、飲酒作樂的突發狀況。所以在某種吸引力法則下，「男友」很快就被結束掉，然後我才能繼續過自得其樂的人生。

因為太習慣一個人逍遙自在過日子，原本很積極相親的我，當真的有可能再近一步時，反而猶豫了起來。

那天假藉借廁所的名義進去妮可哥哥介紹的對象——M男——一個很單身漢的住處，連鞋櫃也沒有，十幾雙鞋子大剌剌地散在客廳地上，縱然其中有些很貴的款式也一樣，正反亂擺；N年來的信件跟帳單堆在茶几上；冰箱就擺在單人沙發旁，打開來裡面只有酒；一輛看起來很名貴的腳踏車吸引住我的目光，結果往裡面走還有第二輛、第三輛！

我忍不住撫摸那性感的工藝品說：「要是有結婚的朋友來你家看到這玩意，一定很希望跟你交換身分。」

他激動的回答：「才不要！拿什麼換？他老婆？」

我聽了深表同意，真的，換做我也不要換。

但回過頭來，那我們現在這樣，接下去要怎麼樣呢？

如果成為別人的女朋友，我絕不會這麼輕鬆看待那些亂擺的鞋子跟信件，冰箱也不可以放在客廳，更別說十幾萬的腳踏車一買就是三輛。

可是，我不想變成這樣。

我不想管任何人，然後擔心自己變成誰的壓力來源，也不想讓誰管我的生活積不積極、工作努不努力，還是對爸媽孝不孝順。今天我還能在這邊輕鬆的賣弄調皮言語、擺弄性感姿態，就是因為我還不是「女朋友」的身分。

那晚的我們彷彿站在一條很細很細的分界線上，想著要不要跨出單身的舒適區，但是後來兩個人還是什麼都沒說，默默退回了習慣的那一邊。

相親惡女的婚活教戰

給女孩兒和男孩兒：

單身當然會習慣，但如果你沒有足夠的錢買房子給自己、住院時請人來照顧自己、寂寞時去歐洲旅行來犒賞自己，那我勸你最好趕快戒掉這個習慣。

掀起了你的口罩來

牙醫真的還挺苦悶的，每天接觸的就只有病患跟護士。根據我的合理推測，牙醫若想開拓認識其他女性的管道，就只有花錢！一種是上酒店，一種就是參加相親俱樂部。

NO. 10

有錢沒腦花牙醫底迪

職業：牙醫師

年齡：27歲

外貌：斯文白淨，閉月羞花，好學生乖乖貌。

可能因為我三個禮拜以來持久而堅定地客訴，將奧客精神極大化，繼理財顧問之後，又見了一位三十六歲電腦工程師，這兩位正常的相親對象，讓我稍微感受到紅娘祕書開始展現誠意，認真端出了一些好菜色，但，難道外貌可人、氣質大方的本姑娘對男方來說不也是珍饈一道嗎？還是大家加入紅娘會社，本來就只求吃個粗飽？

此次速配對象是名牙醫，當聽到紅娘祕書報告簡介時，我承認第一時間內心的確響起了「不錯啊」的歡呼，隨即腦中又立刻浮現面戴口罩、手持器械的景象，牙齒瞬間整個打從根部酸起來！

但當我見到沒有戴口罩又穿著簡單T恤、牛仔褲的男主角走進來後，才驚覺牙醫不也就是個普通人嗎？而且仔細想想，牙醫真的還挺苦悶的，雖然有著醫師光環，生活圈卻小的可憐。

每天接觸的就只有病患跟護士，跟病患交往也怪怪的（看完人家的蛀牙還有色慾真的是太禽獸了）；但別以為護士就很對牙醫的味，據我了解，護士要不就是高職妹妹，要不就是歐巴桑，談話的交集也很有限。根據我的「合理」推測，牙醫若想開拓認識其他女性的管道，就只有花錢！一種是上酒店，一種就是參加相親俱樂部。

牙醫先生年紀與我相當，但他從念完書後，就被學長邀來診所工作，每天只要專心的敲敲鑽鑽，離商場的爾虞我詐非常遙遠，整個人生就是非常順遂，生活又很單純。因此，他到現在仍散發著一股清新的學生味，與我的渾身江湖味形成強烈對比，令本姐心中油然升起

「一定要保護他，不讓他知道外面的世界有多險惡」的大姐姐心情。

正因如此，當我們交代完彼此的身家背景、日常興趣後，這個清純的好孩子居然問我，他自畢業以來，七年來陸陸續續買了我當時任職公司的一百張股票當作儲蓄，想請教我的看法如何？

我、我、我——我覺得你真的好有錢哪！但是，你的判斷能力要是跟你的錢能成正比就好了啊！

那家公司是曾經在五、六年前紅極一時的ＰＤＡ製造商，要知道，我們談話的當時，ＰＤＡ早已進了故宮博物院，公司股價更是整個腰斬再跪下，我自己也正在另尋出路，想到「底迪」你的資產整個減半，我真是糾心啊！

當下，我的正義感整個熊熊燃燒，就在會談室裡為他紮實地上了一課：「買一百張？你有在看財報嗎？你知道什麼是雲端嗎？你知道我們的產品是真的雲端還是只是雲端概念嗎？」

最後整場相親，竟然以諄諄教誨作結……

感覺怎麼樣？
還聊得愉快嗎？
紅娘秘書
牙醫底迪
她說我們真是相見恨晚啊～
哇～恭喜恭喜～
要是在我買那些快變壁紙的
股票前，先認識她就好了...
……

脂肪肝，可願意成為我的小心肝？

晶片男最後得分的關鍵是——在我講話的時候，他睜大了小小的雙眼很用心地聆聽，講到好笑之處也很適時地堆起笑容，這才是真正能抓住每個女人小心肝的點啊！

NO. 11

甜蜜小胖晶片男

職業：外商晶片龍頭製造商之某方面工程師（原來晶片長那麼小還可以分那麼多部門喔？）

年齡：32歲

外貌：普通工程師，有脂肪肝貌。藍色格子襯衫＋牛仔褲，單眼皮，但笑起來會瞇成很討喜的弧線。

很好，慢慢地漸入佳境了。

今天這場相親一坐下來我就心花朵朵開，並不是對方長得超帥，而是這個人外表看起來超正常的啊！

我承認，兩年前我的確是人家口中所說的「太挑」，但在相親會社開了幾次眼界之後，只要對方有大學畢業、講話不結巴或不會不停吸口水、英文程度聽得懂「marketing」就是「行銷」的意思，我就已經非常感恩，總之，只要當天我們能夠度過不尷尬的一小時就十分足夠了。

更何況，晶片男的外表豈只是及格，他還擁有我個人偏好的豐腴體型，以及跟韓星Rain一樣十分溫柔的單眼皮，因此額外得到不少加權分數。在學經歷方面，他也以臺、交大的學歷及在美國總部工作的經驗，登上本人至今優質相親排行榜的寶座。

可別以為我是個追求三高的俗人，在這一切世俗的條件之外，晶片男最後得分的關鍵是——在我講話的時候，他睜大了小小的雙眼很用心地聆聽，講到好笑之處也很適時地堆起笑容，這才是真正能抓住每個女人小心肝的點啊！

雖然他的髮型亂得很宅，豐腴體型也代表著體內養著脂肪肝，但相信日後我們只要多出去約會，他一定會逐漸改頭換面的！太好了，就是要趁他現在不起眼，我才有機會捷足先登！我那被前面許多奇怪對象踏熄的希望火光，此刻又重新「轟」地復燃！

會談結束前，他問我晚點要不要一起吃飯，也不知道我到底哪根筋不對，突然想起之前種種不舒服的經驗，突然遲疑起來，推說晚點有事，心想未來認識久一點再約吧！

沒想到，會後紅娘祕書與我關懷會談，我才驚訝地得知，原來我每次只留ＭＳＮ不留電話，對方都以為我拒絕他們！原來這就是為何男方都沒人加我ＭＳＮ的原因，這些心靈脆弱的男人居然以為我是變相拒絕了他們！天哪！那剛剛那個晶片男我也沒留給他電話……完了，他會不會也這麼認為……

相親惡女的婚活教戰

給女孩兒：

妳是不是很好奇，明明自己條件也不錯，為什麼排隊的人數遠比不上其他更普通的女人呢？

傳授妳一個秘訣——人氣女的「親衛隊」，可是靠自己打造出來的！不討厭的對象，留個電話，偶爾聊聊，製造自己相當搶手的氛圍，這就跟股票一樣，交易量大才能在市場上有能見度啊！沒人買也沒人賣的股票，怎麼會有人知道它的價格是被低估的呢？

給男孩兒：

美女的臉皮都很薄的，行行好，如果她忘了給你電話，開口問一下，不給頂多等下次，反正你扣達還剩很多啊！

剛開始她可能還是架子挺大的，但相信我，冰山美女都只是紙老虎罷了，輕描淡寫的問候、簡訊隔兩天傳一次，花兩個禮拜就能養成她check手機的習慣，再來約個週末喝咖啡，記得要多聆聽少講話。

再告訴你一個不能說的祕密——就是因為她這麼冷，所以其實她沒什麼人追啊，對男女間的手段也不在行，說不定超容易破解的，嘻嘻……

我簡直就是相親界的卡內基啊！

藥師先生開了一間藥局，沒有同事、不用開會，更可怕的是，藥局裡每天做的事都一樣，根本沒有什麼挑戰與學習。水瓶座的我真不敢想像，這是什麼樣的人生啊!?

NO. 12

迷途羔羊小帥哥

職業：藥劑師

年齡：32歲

外貌：一百七十五公分、六十五公斤左右，濃眉大眼、中分頭，穿著牛仔夾克、佩戴大十字架銀項鍊，這一切看來都很正常，但隱約讓人聯想到劉德華在賭神內飾演「小刀」的扮相，不禁又有點擔心起來。

嗯，我想我是有點疲憊了。

其實，跟陌生人連續聊天一小時是很累的，而且我總是很真心的在跟人家交朋友（我連面試工作都這樣，拿真感情出來跟老闆交陪），不是很表面地問問家裡有幾個人啊、住哪裡啊、有什麼興趣……而是真的對坐在我對面這個人感到好奇。

會好奇倒不是因為對方是有可能成為男朋友的人，老實說，已經連續五個禮拜來參加「相談」了，一切變得有點像例行公事：上五樓，坐下來，對面是一個男人，訪問他。簡直就像是在上通告，怎麼可能會有戀愛的遐想呢？

這一切，全是因為我身為一個行銷人。我內心歸年透冬始終有一股行銷人特有的「Rocker 精神」在燃燒。生命一定要熱血的啊！如果被我發現這個人有點行屍走肉，對生活沒有什麼passion，我就會開始激勵他，引導他好好想想自己到底要什麼，好像卡內基上身似的；如果被我發現這個人明明清楚自己要什麼，卻不努力又埋怨過著不想要的生活，我又會轉成葉教授的嘴臉，開始斥責他，跟他說人生只有一次這種警世格言，導致我的相親經常以激勵對方作結。

藥劑師先生就是一個很好的例子。

他自己開了一間診所旁附設的藥局，因為位處偏遠縣市，所以存了不少錢。但是身為一個藥師，就是要守在藥房裡不能出去，沒有同事、不用開會，而且由於地處偏遠，居民多半是老人、小孩，能一起玩的朋友也不多，更可怕的是，藥局裡每天做的事都一樣，就是依據客人拿來的處方籤配藥，根本沒有什麼挑戰與學習，水瓶座的我真不敢想像，這是什麼樣的人生啊?!

如果他本身個性就很內向、保守也就算了，問題是從他滔滔不絕的自我介紹中，看得出來他很活潑，並有那種「難得碰到年紀相仿的人，要把握時間好好聊一聊」的渴望，還問我最近臺北有沒有什麼值得參觀的展覽或演唱會，代表他還是有點嚮往都市的生活。

我覺得這一切真是太矛盾了，於是忍不住直指問題的核心：「你這樣的生活，待得住嗎？」

藥劑師一聽到有人看破他內心的苦悶，只好娓娓道來：自己也感覺生活有如一灘死水，但又不敢改變，所以必須要找個出口發洩，免得人格分裂。

因此，這位先生就做了很多不務正業的事，例如兼職拉保險，但因為他並不是真的缺錢，所以發傳單發得很隨便，又不想賣朋友，想當然耳，業績也不會太好，於是就被開除了；再來是去教國小生打棒球，結果學校因為經費不足而想要解散棒球隊；還有學吉他想玩團，但是彈得很爛；最新的目標是要去考某種藥師執照，但書念得不甚起勁，因為從以前就不怎麼愛念書⋯⋯

不得不說，這種人真的很讓人擔心啊！

相親惡女的婚活教戰

給女孩兒：

「因為感覺對方很聊得來，好像能夠體會我不足為外人道的煩心事，所以忍不住跟他訴了許多苦」，快回想看看妳是不是也不小心犯了這樣的錯誤？

不過話說回來，只要懂得控制劑量，有時候用小小的煩惱當鉤子，留作下次聊天的話題，展現出自己也有需要對方協助的地方，示弱，是冰山餓女們必學的招數啊！

給男孩兒：

人生一團亂的男人，怎麼可能會帥氣四射呢？連自己都搞不定，怎麼搞定正點的馬子？人生不會因為交到女朋友就會突然出現一盞明燈，向相親對象訴苦只會顯得自己一身怨氣，嚇跑優質的對象喔！

咦?!這間怎麼會多
了一張沙發椅?
真貼心～
因為女主角之前幾次相親都
有些狀況，沙發能有助於放
鬆心情，所以特地準備的。

你這樣的生活，待得住嗎？
我自己也感覺生活有
如一灘死水，但又不
敢改變……

惡女真情相談室④

相親不喝酒，喝酒不相親

我真的太早到沒事幹，所以點了一瓶比利時啤酒，空腹喝酒的後果就是還沒開始約會就先茫了。據主辦單位表示，當天的確注意到有一高挑女子在與男方談話時，身體微微搖晃，手不時撐著頭，且講到激動處會豪邁大笑——正是在下是也……

在五花八門的相親模式之中，相信閃電約會（Speed Dating）的神祕度與刺激度絕對穩坐前三名寶座！沒錯！就是在美國影集《慾望城市》裡演過的那種：數十名女人每人分配到一個座位，男人則依序轉檯，每輪坐檯時間為三分鐘，在這有限的時間內，你要把握住機會丟出對方有興趣的話題，最後主辦單位會收集雙方互有好感的名單，提供彼此的聯絡方式。

我去參加閃電約會的前一天也是興奮到睡不著，幻想至少三十名謎樣男子將任我探索。可惜到了現場才知道，主辦單位的咖啡館只有十坪大，參加總人數只有八男八女，且每次談話竟可長達六分鐘！時間長得都足夠賣一張保單了啊！

當晚由於已婚婦女同事頻頻督促，我還提早半個小時到達會場。有人會說，去那邊等豈不是很尷尬、很害羞嗎？但我完全不會，如果您有回顧本系列前幾次文章，就可以看出敝人曾經也有過既期待又怕受傷害（好老梗啊！我自己寫出來都不好意思了），如處子一般的心情。然而害羞到第三次，已經麻痺到變成以碰到奇人異事為目標，好回來跟大家講笑話，衝部落格閱讀率的變態心理。

嗯……不過老實說，之所以會達到麻痺狀態，有一半原因是我真的太早到沒事幹，所以點了一瓶比利時啤酒，空腹喝酒的後果就是還沒開始約會就先茫了。

據主辦單位表示，當天的確注意到有一高挑女子在與男方談話時，身體微微搖晃，手不時撐著頭，且講到激動處會豪邁大笑——正是在下是也……

閃電約會的前提是必須與不認識的人聊天，還得在有限時間內展現出自己的最佳優勢，因此參加對象都還滿健談的，幾乎都是從事業務工作，沒什麼怪咖。（還是我現在對怪咖的標準太高了？）

以下就是我對這八名男子的印象：

一號：看起來很幹練的證券行行員，侃侃而談對最近時事的看法——我聽不懂。但是他頭髮抓得不錯，穿條紋襯衫佩戴銀項鍊，看起來還挺玩咖模樣，也許下次想去夜店喝一杯時可以找他。

二號：科技公司業務。一號一離開後我突然發現，就算只有八個人，還是不可能很清楚記得誰說了什麼，於是我決定做個簡單筆記。

為了方便，我整個流程採取標準化作業，對方一坐下我劈頭就問年次、職業、星座，以便我紀錄，二號不幸就是我最忌諱的雙子座，所以接下去的談話我全都沒在聽了。

三號：我真的醉了，完全忘記了。

四號、五號：都忘了，我起身去倒了杯白開水來喝。

六號：白面書生型，二十六歲的小弟弟——二十六歲來這裡幹什麼?!給我滾出去!現在年輕人真是愈來愈不懂事了!外面還有很多忍更久的大哥哥好嗎？

七號：中藥行小開。他是本次活動中最沉默寡言的一位，我想他可以回家找一找有什麼藥材吃了之後會比較活潑開朗，而且他本人面黃肌瘦，看起來就很欠補的模樣，實在不像家裡開中藥行的，難怪他家生意會不好。鬱鬱寡歡的模樣，加上消瘦身材，一整個是惡性循環啊！

八號：三十歲大學講師。這個讚！身材壯碩、幽默風趣、學歷一流……一整個是我的菜，而且還是我最喜歡的天秤座！

天哪！快拿一個十分的牌子來給我！不過這麼優，為什麼會在這？原來，其實他下個月就要出國深造，今天是陪朋友來玩的……警衛！警衛！快逮捕他！可以這樣拿人家心裡頭的小鹿來開玩笑嗎？

八個人哈啦完之後，終於進行到節目的最高潮——主辦單位發給每個人一張「來電調查表」，參加者必須勾選自己想進一步認識的對象，由主辦單位交叉比對後，若剛好有男女互相勾選對方，就會讓這兩人互換聯絡方式，若只有一人單方面自以為來電，就只好跟你說聲抱歉啦！

我想了解自己的相親功力是否有進步，八個人我就隨便勾了四個，雖然招來主辦單位的閒言閒語（這女的是花癡嗎？）最後結果居然四中三！這百分之七十五的機率，也讓本姐對得起前面相親的那幾位男主角了。

回家之後，馬上發現有人非常積極地立刻加了我ＭＳＮ，無奈他恰恰好就是我不記得他是誰的其中那一位先生；而我有意思的那一個，在我加了他ＭＳＮ之後，則敲我說：「請問，妳是哪位？」

相親惡女的婚活教戰

給女孩兒：

相親，千萬不要餓著肚子去！身為女強人的妳一定很不耐餓，但千萬不要有「趕快把菜給老娘端上來」這種嘴臉，妳可不想讓好男人看到吧？更別說喝酒了，根本就是失態之母！

如果妳敢說出「說不定對方會覺得我喝醉很可愛啊！」這種任性的話，那也許可以先好好想想，為什麼清醒狀態的妳讓人覺得不可愛呢？

給男孩兒：

閃電約會真的是很硬，時間分分秒秒倒數中，加上列強環伺，此時可不宜再溫溫吞吞，直接端出你最大的賣點，讓女人趕快下好離手！

聽起來就收入穩定的工作（如金融業），聽起來就很有個性的興趣（如衝浪），最後再畫個大餅（一直都很嚮往自助旅行，今年準備要去歐洲二十天）……以上都是掰的？重點是先擠進去她的來電表格，不然一切都白費了啊！衝浪週末再練、機票回家再買不就得了！

上面與下面的交集

保全先生雖然很客氣有禮，但愚昧的我真的想不出一個企業公關跟一位保全，除了上面跟下面（我是指建築物，不要想歪）的關係之外，還能有什麼交集？

NO. 13

精壯保全男

職業：保全

年齡：31歲

外貌：方頭大耳極有福相，圓滾滾的大眼配上L號的招風耳，想必相當能夠滿足保全工作所需要的眼觀四面、耳聽八方功力。

與藥劑師見面後，我跟一位好友抱怨，相親會社的對象都沒有很優，結果下一個竟然還給我來個保全——保全？公司樓下就有了還需要你介紹嗎？

但反過來想，也不能怪相親會社。一個人一定是認為自己的生活圈太小，才會來註冊參加相親會社，藉此拓展視野跟朋友圈。所以我所遇到的相親對象當中，有百分之八十五的人，一生都是規規矩矩，照表操課。也就是說，他們只要說頭兩句，我就可以八九不離十地接著說出對方的生活背景與人生志向。

而當平實簡樸的他們，遇上了一生毫無準則，刺激驚險的公關從業人員我本人時，真的只有一頭霧水。當然，相親會社也有教他們提問的know how訓練，例如：「你做公關？好特別喔！公關都在做什麼？」可惜相親會社卻沒教他們如何接話跟用眼睛說：「我懂！我懂！」

當我意識到他們聽得很吃力的時候，我就會反過來提問，開始讓對方談自己，並以如同記者採訪的方式，引導對方盡情說個痛快。如此一來，我倒是樂得輕鬆。經常會面結束後，紅娘祕書會跟我說：「某某先生對你印象很好耶！」可是……當天我明明都沒說話啊！

這位保全先生雖然很客氣有禮，但愚昧的我真的想不出一個企業公關跟一位保全，除了上面跟下面（我是指建築物，不要想歪）的關係之外，還能有什麼交集？

不免俗的，談話一開始還是以「你是做什麼的啊？」做為開場白，我也相當敬業地對這位百姓解說「公關」的工作內容是什麼。無奈儘管保全先生很努力地用心傾聽，但他臉上的神情仍透露出足可媲美我在看汽車引擎入門書時的表情，眉頭皺到讓我暗地自責，真抱歉！今天的服務真不周到！

意識到天命的呼喚，我終於還是忍不住，含著淚再次拾起主持棒，擔任起稱職的主持人，問些大眾化的問題，例如：「你怎麼會來做這行？」、「你喜歡做什麼戶外運動？」好讓他盡情回答，而且一直找機會稱讚他，幫他建立自信心，心中又暗暗覺得好累，真想趕快結束這場約會。

結果，因為那天讓這位來賓太開心，造成誤會，以致於後續好幾天都接到保全先生噓寒問暖的簡訊。

其實，這也是剛加入相親會社的人會有的現象，只要對象是個正常人，每個都會去把握，寧可錯殺一百，也絕不容許有任何漏網之魚！但是多見幾位之後，漸感年事已高、青春有限，如果第一次見面就話不投機，大家就會很有默契地低調退場，不會再因為怕不好意思而勉強聯絡。

所以，如果碰到剛加入的菜鳥，我就很容易收到照三餐問候的簡訊，有時候會覺得好感嘆：孩子啊！姐姐經常收到這種簡訊的，沒辦法每個都回，你了解嗎？

相親惡女的婚活教戰

給女孩兒：

本姐又不是走甜心路線，狗嘴吐不出什麼象牙，當看到對方傳來什麼「我向流星許了願，希望妳天天都開心」的簡訊，我只會回「妳姐加班加到眼冒金星，你在那邊給我看流星！」

不過，這種絕對會嚇跑純情單身男的態度，妹妹們可不要學啊！若一開始不知道怎麼做，回簡訊時不管寫什麼，最後加一句「你呢？」就對了！這就叫作「做球給他」（眨眼）～

給男孩兒：

如果你不具備陳柏霖的長相，請勿傳任何跟自然美景（諸如陽光、星星、月亮）有關的簡訊給剛認識的女人，例如「今天陽光好耀眼，想起妳燦爛的笑臉。」（女方

ＯＳ：靠，我只想翻白眼！）「我看見流星，卻沒許願，因為要把那個願望留給妳。」
（女方ＯＳ：好啊，希望可以認識酷一點的帥哥。）

這種簡訊無助於認識彼此，請先安分地說一些噓寒問暖的話即可！

我的天啊！老娘都不怎麼理他了，這保全還是照三餐傳關心的訊息過來。雖然他感覺挺善良的，但不殘酷點，他是不會懂得知難而退的...
我最近工作繁忙，很多人都傳關心的訊息給我，因為沒空一一回覆，反而讓我感到厭煩，所以請別再傳了！

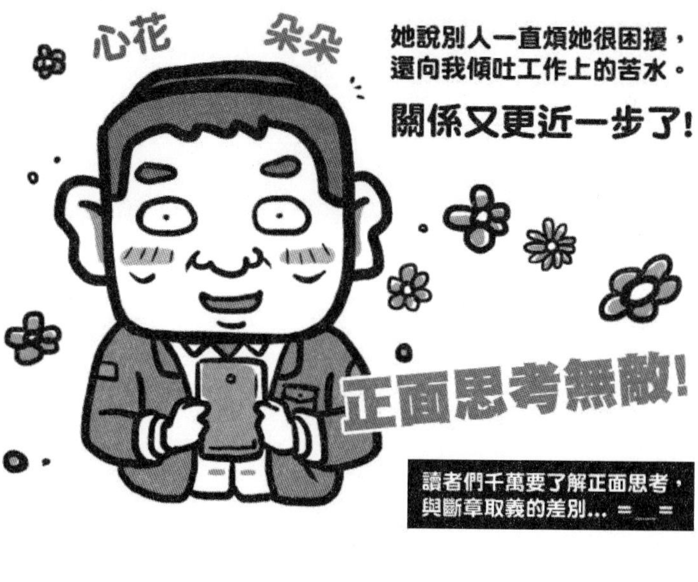
心花 朵朵
她說別人一直煩她很困擾，還向我傾吐工作上的苦水。
關係又更近一步了!
正面思考無敵!
讀者們千萬要了解正面思考，與斷章取義的差別... =_=

同是天涯淪落人

處女男沒有英俊的外表、妙語如珠的口才，他有的很簡單，卻正是我想要的——我講笑話時，會在正確的時機放聲大笑，跟我一樣喜歡海邊……唯一讓我有點介意的，是處女男好像剛分手，整個人還在調適中的樣子。

NO. 14

心有靈犀處女男

年齡：32歲

職業：外商電腦公司工程師

外貌：中等高度跟寬度，療癒系的單眼皮與酒窩

這是我跨年前最後一次相親了。

連續三個月來，幾乎每個週末都到相親會社，會面了十二個人，我真的累了。不過我還是抱持著有如買樂透：有買有機會、沒買沒機會的心態，加上單身的人週末真的很閒，我還是會乖乖來報到。

今天一踏進相親會社，內心完全的無欲無求，前所未有的無欲無求，根本呈現一個坐在那裡翹腳撚鬍鬚的姿態，毫無所謂的等著一貫不知情的貢品進來。

今天的第一號對象是位廣告同業，也許是他胖胖的外表，使他在

相親活動上比較吃虧，但是他一開口，我就知道，他也一樣，看盡潮起潮落、人來人往，幾乎已經要放棄在這裡遇到對象的奢求。我們聊了很多、很盡興，可是……可是我還是覺得，我們可能不會那樣發展下去。

真的很不好意思。也許我真的也是外貌協會的。

跟廣告男談完，因為下一位有點遲到，我多出十分鐘休息時間，相親會社也沒地方可以坐，只好躲到化妝室去。

每次在這裡補妝，看到鏡子裡的自己，就覺得好荒謬。

如果我始終保持當初加入時開玩笑的心態，當作只是來臥底採訪報導而已，沒有一絲絲認真的話，也許就不會那麼累。

但這半年以來，隨著年紀漸長，朋友一一成家立業，突然也覺得自己還真的該找個管道認識對象。而且陸續會面了十幾二十個對象，發現其實大家都是正常人啊！我也就拿出真心，真誠地和對方談話，可惜真正能溝通無障礙的人卻少之又少，這一再的嘗試又一再的失敗，真的讓人心灰意冷。

想到這裡，我情緒低落地打給姐妹淘：「真是夠了！我再也不要跟陌生人相親了！這一切真是太荒謬了！」

但朋友以典型的射手座個性積極鼓勵我：「拜託妳，再給自己一次機會！就當作去聊天、交朋友就好，試試看又沒啥損失！」

於是我拖著沉重的步伐走進包廂，由於心靈太過疲累，連先看一下男方長什麼樣都沒有，直接帥氣地把外套掛在牆上，一屁股坐下，然後說：「很像面試吼？我每次來這裡都這樣覺得。」差點要點起一根菸。

沒想到，這樣的開場讓對方笑開懷，我才發現這個男人笑起來很可愛。

據相親會社的資料，這是他們首次安排只有碩士學位的對象給我，我推測這是因為有碩士學位的女會員比我更缺，所以必須要做這樣的銷售組合，另外一個原因，則是當初我是用打折方案進來的。但我只是頂多國立大學畢業而已，出國一年是工作又不是念碩士，也不知道為什麼這邊的男人，總是表現出一付我很難接近的樣子，難不成現代還有「女子無才便是德」的觀念嗎？

男主角沒有一般宅男的那種刻板印象，而且還是處女座！身為丟三落四的水瓶座，我最需要的就是一個人生的小祕書了！而且因為背景相似，很難得的，這是三個月來我首次在這裡享有一次順暢、甚至可以說是愉悅的交談。

處女男沒有英俊的外表、妙語如珠的口才，他有的很簡單，卻正是我想要的——我講笑話時，會在正確的時機放聲大笑；工作或許有些單調，但能幽默地自我解嘲；跟我一樣喜歡海邊，儘管我談到上個月的潛水旅行時有點太過亢奮，他還是很感興趣地問東問西。

唯一讓我有點介意的是處女男好像剛分手，整個人還在調適中的樣子。

當服務人員來敲門，提醒我們時間到了的時候，包廂裡第一次出現「我們聊得正起勁，請不要來打擾」的氣氛。

這是第一次我在相親平臺遇到一個我喜歡的男生，但也讓我好一陣子不敢再回到這個地方相親，因為**比一直遇不到對象更讓人灰心的是，以為遇到了結果還是不是**。

相親惡女的婚活教戰

給女孩兒：

明知道這是相親，但離席前沒有問妳「怎麼來的」、「要不要送妳／陪妳走」的男人，百分之九十九是被逼來的！對妳也沒什麼興趣。

也許因為妳不是他的菜，還是他剛失戀有如行屍走肉……不管如何，這種男人就不用太寄望了！（唉！我怎麼沒早一點知道！）

給男孩兒：

剛失戀你就不要去相親！你當這是沖喜啊？糟蹋人家女人，你渾帳（粉拳搥肩）！

可惜他是水瓶座

水瓶座男人在追女人時，什麼肉麻事都做得出來！水瓶座男人看似花言巧語、不能信任，倒不是說他在假裝，他可是真心的，不過賞味期限僅於當下，之後若還把這話當真，妳可能就是自討傷心。

NO. 15

完美三高水瓶男
年齡：30歲
職業：上市科技公司業務經理
外貌：帥氣挺拔，穿著品味佳。

水瓶男是朋友在美國念書的學長，聰明、風趣外加高富帥。

當我暴衝跟處女男告白失敗後的第二個週末，朋友就安排了這次相親。走在他旁邊時，我看見櫥窗裡我們匹配的倒影，心裡想：「我之前到底他媽是著了什麼魔？才會如此失心瘋。」

但是，從處女座跳到水瓶座，整個讓人適應不良，根本是從溫泉出來馬上泡到冷泉裡——差點就心臟病。

舉例來說，一般男女七天就可以達到的進度，慢熱的處女座需要一個月的時間來準備。而對水瓶座來說，若初次見面就十分合拍，立即就可以按下快轉鍵，直接進入下一個章節。

因此，即使是前一天晚上才認識的水瓶男，我們現在卻像已經認識一個月，一個月差不多可以牽手了——這樣對嗎?!

以下是處女男與我一路走來的重點報告：

一、認識後一個禮拜，終於他加我ＭＳＮ。

二、聊了半個月的ＭＳＮ後，終於出去喝了一次咖啡。

三、三個禮拜共六次沒有任何肢體接觸的約會後，他說：「這還是太快了！我們還是緩緩吧……」

以下是水瓶男與我一天走來的重點報告：

一、下午兩點：正如初次見面該有的樣子，他相當穩重，我相當嫻淑，對彼此印象不錯。

二、下午四點：兩人已交代完自己的祖宗八代、前世今生，覺得真是一拍即合、相見恨晚！

三、下午六點：兩人都開始裝得有點累，破綻百出：他變得很油條，我變得很飄撇。

四、晚上八點：開車送我回家的路上，我因腰痛而坐立不安，他說：「下次我買個靠枕，以後妳就不會那麼難受了。」（講得好像我是唯一會坐這個位置的女人！）

水瓶式約會，六小時就去了四個地方，山上海邊都跑遍了，感覺好像已經約了四次會。

大概是因為這樣，我下車離去前，他還半開玩笑的說：「一般這種時候，不是應該來個kiss goodbye嗎？」

我：「蛤!?先生，我們還是慢慢來……」

如果您曾經跟水瓶座男人過招過，就能體會為何他們這麼殺無赦。水瓶座男人在追女人時，什麼肉麻事都做得出來。例如，停好車後會繞過去副駕駛座幫妳開門；很輕易就說出：「蛤，看妳這樣一個小女生用走的過去好可憐喔！」（敝人身高一六八）；拿剛去微風廣場買的名牌T恤蓋在妳腿上怕妳冷……

水瓶座男人看似花言巧語、不能信任，倒也不是說他在假裝，他可是真心的，不過賞味期限僅於當下，之後若還把這話當真，妳可能就是自討傷心。

我大概可以體會水瓶男的感受。如果是二十五歲的我，此時此刻可能就不是坐在這裡打字，而是在他家品紅酒、聽音樂，氣氛到了，下一步做什麼都可以，試試又不傷身。

但現在的我乘風破浪已久，只渴望一個停泊的港灣，已禁不起再次嘗試又失敗，為了得到穩定的未來，我可以忽視一時的好感覺。

水瓶座男人不是不好，只是我本身也是飄忽不定如風箏般的人，兩個風箏般的人如何能定下來呢？我想我們還是各自找個穩重的伴侶才是良策。一個家裡，總該有一個人踏實點。

水瓶男接下來一個禮拜都照三餐關心問候，但在某晚我忍不住說出「先緩緩」後，隔天立即就再也沒聯絡了。隔天喔！真的是……超典型水瓶座！

相親惡女的婚活教戰

女孩兒：

關於從相識到交往的里程碑，個人認為沒有什麼一定的時間表。身邊好友有只認識一個禮拜就在一起，也依舊婚姻美滿的；也有拖拉一年，最後才功德圓滿的。

唯一要提醒女孩一個重點——「世界上絕無草食男！」男人如果跟妳走得很近，但是遲遲不主動表示什麼，那就表示「他其實沒那麼喜歡妳！」再打開履歷，多逛逛其他選擇吧！

給男孩兒：

第一次約剛認識的女人出去，我想最佳提議就是「開車去海邊兜風」了，有車就不用流汗曬太陽，又可以穿得美美的拍照，很難拒絕的！

記得在後車廂放件防風外套，展現你的體貼（順便讓她沾上你的體香以示主權），特別要挑需要爬過防波堤的海邊，以便你伸出紳士的手來扶她，最後在黃昏的沙灘上，拿出一瓶看似浪漫其實壞壞的冰鎮香檳～呵呵～

惡女真情相談室⑤

以貌取人乃人之常情，賓主盡歡乃職業道德

「上次的某先生對妳印象很好耶！怎麼不多給人家些機會？」可是，那天我都沒說話啊！唉，這幾次相親經驗，我發現了一個真理：原來，他們都喜歡我不說話的時候呀！

根據本人臨床研究發現，儘管已經有二十八次的相親經驗，在見到相親對象時，還是一定會以貌取人。第一眼見到主角的瞬間，內心就會先下個很主觀的判斷，例如：「看起來好解嗨！」或「不是我的菜吧！」還是「靠！相親會社太過分了吧！」但是呢，往往在聊天的過程中，也會不停改觀，漸漸發現對方一些優點，這其實挺有趣的。

像是曾經相親過一位銀行行員，原以為他會死氣沉沉，沒想到卻意外地活潑，而且頗有一見如故之感，有很多共同的話題。果不其然，這位男士因為之前做過業務工作，所以跟誰都很能「喇」。

他有點不好意思地說，自己的興趣是寫書法，可能是覺得不夠「潮」吧！（一般人可能會講衝浪、騎重機之類的興趣。）但我仍然很公關地稱讚他：「真的很特別耶！」、「現在很少男人寫字好看了！」（如果我跟男人傳簡訊時有這麼友善就好了。）

行員先生還對面相、星座有特別的研究，於是幫我算了一下命，說什麼我臉長所以很急性子之類的，有些還挺準的，感覺這次會面有賺到。

另外一件有趣的事是，有時候面談的過程我往往沒說幾句話，甚至到有幾分鐘無話可說的尷尬場面，過幾天竟收到對方熱情的簡訊，實在令人懷疑該位先生是不是傳錯人？或是紅娘做會後關懷的時候總說：「某先生對你印象很好耶！」但我怎麼也看不出來，難道這些人真是喜怒不形於色的嗎？

有次相親公司幫我安排了一位工業電腦品牌的工程師，由於當天已是我連續第十個禮拜去相親會社了，內心感到很疲憊，加上有點感冒的緣故，懶得再擔任開話題的主持人角色，跟人解釋公關到底在做什麼，也沒興趣鼓勵對方燃燒自己的小宇宙了。於是我以療癒系的微笑，配合專業的音效「喔！哇！嗯！那很不簡單耶！」雙管齊下鼓勵奏效，他老兄果然滔滔不絕了起來，甚至在我說「不好意思，讓我吃個藥」之後，等我邊把藥倒進嘴巴的空檔時，竟然還接著說：「沒關係，我繼續講。」他以為自己是收音機嗎!?結束時，對方帶著滿足的笑容離去，但我不禁心想：「你到底了解到我什麼呢？」

過了幾天，紅娘祕書打電話來關心，問我這幾次會面的心得，我努力想了半天，還是只能說：「沒什麼心得耶……」

而她，卻給了我一個經典的回答：「妳要改一改，不要那麼冷淡！這樣讓機會都一次次溜走了！上次的某先生對妳印象很好耶！怎麼不多給人家一些機會？」可是，那天我都沒說話啊！唉，這幾次相親經驗，我發現了一個真理：原來，他們都喜歡我不說話的時候呀！

相親惡女的婚活教戰

給女孩兒：

得到幾次「對象比較喜歡我不說話」這種令人費解的反應後，我才發現原來放電女的祕技在於——多問問題，讓對方以為妳對他很有興趣；少說話，讓對方回家之後，才發現對妳一點都不了解，好奇心油然而生唷！

給男孩兒：

英國曾經有一份調查報告指出，相親時的最佳話題排名第一是「旅行」，理由是容易勾起快樂的回憶，冥冥之中讓對方把自己跟這種快樂的感覺聯想在一起，並在潛意識中植入「如果可以跟這個人一起去一定很開心」的錯覺。

不過還是要記得，不要只顧著自己快樂，也要懂得察言觀色啊！如果女人遲遲沒搭話，請趕快反問對方的興趣何在。

那就用胸肌來勉勵自己一番吧！

尷尬了好一會，於是眼光不禁停留在這位先生頂上開始稀疏的地方，而引人注目的是他頸後有一撮看似未來打算用來瞞天過海的不明鬚鬚，實在不是很討喜的造型。但微妙的是，這樣一顆解嗨的頭下面卻配上一副十分可口的身材，雙手交叉胸前時襯衫快要爆開，我看還不如直接對著他的胸肌說話吧！

NO. 16

真人不露胸肌男

年齡：37歲

職業：硬體工程師

外貌：金邊眼鏡普通工程師貌，穿著牛仔外套內搭白色T恤，不起眼的外表下竟有傲人的胸肌……

不知道紅娘秘書是否為了慶祝我失戀後重出江湖，回鍋第一道菜就來了個重口味的，三十七歲，大我八歲！嚇得我精神都來了。不過回過頭來想想，當年簽約的時候我的確認為寧可錯殺一百，不可放過一個，才差八歲，ＯＫ的啊！年輕時還交往過相差十二歲的男朋友不是嗎？沒想到這二十幾次相親以來，年輕小菜看多了，竟然眼光挑剔了起來，開始覺得範圍好像也不用放到這麼寬去！

不過經本人人體實驗三十次的結果發現，平均每相親五位男主角之後，第六位就會是個特別聊得來的對象。基於這樣的定律，我都會給自己一個心理建設，無論如何就是要先忍過前面那五位，一切就會否極泰來！

太久沒上工，一開始有種很生疏的感覺，竟不知道該怎麼開話題，著實尷尬了好一會，於是眼光不禁停留在這位先生頂上開始稀疏的地方，而引人注目的是他頸後有一撮看似未來打算用來瞞天過海的不明鬚鬚，實在不是很討喜的造型。更微妙的是，這樣一顆解嗨的頭下面卻配上一副十分可口的身材，雙手交叉胸前時襯衫快要爆開，我看還不如直接對著他的胸肌說話吧！

這位男士大體上非常平凡，就像我那其他百分之九十的相親對象一樣，從事著某方面的軟體硬體韌體設計，但是卻有一個相當特別的興趣——騎重機。訪談中得知，玩重機是一項非常昂貴的興趣，就算買不起各種人身防護部品，租一次也是要上萬塊。話說至此，應該就可以猜得出胸肌男也算是經濟條件不錯，然而我腦中卻只浮現他戴上全罩式安全帽後，頸後的鬢鬚隨著極速揚長飄逸……

除了對他的外表十分在意外，胸肌哥最該改進的是他的演說能力，明明是這麼熱血的一項運動，卻被他平淡的語調講得要死不活，就算是面對主持功力這麼深厚的我，也可說是惜字如金，問一句才答一句，雖然在講完一段話後的空白秒數他嘗試用乾笑帶過，但笑起來的樣子又令人不忍多看……（昏厥）。

我很不想承認自己是因為對方長相不雅觀而意興闌珊，甚至發現自己留給他的ＭＳＮ寫錯了也不拿回來更正，真是太過分了啊！不過，更過分的應該是我還寫了這篇缺德文章，這應該是我交不到男友的主因吧！

相親惡女的婚活教戰

給女孩兒：

就女人而言，相親時該不該展露傲人胸部呢？

根據「相親惡女的真情相談室粉絲團」的不專業調查，百分之六十六的男性認為，相親時還是不要穿太露比較適當，畢竟在車頭燈太亮的情況之下，根本無法專注在對方的談吐上啊！

請女性們不要做這種無謂的道德考驗，所謂若有似無最撩人，建議各位還是先把「胸器」收好，留點想像空間給對方，殺手鐗要用在刀口上才是！

給男孩兒：

關於頂上稀疏這件事，我必須很誠實地跟各位男士坦白：女人是會在意的！相較之下，尺寸小這件事反而沒那麼多人在意呢（或發現時往往都已經來不及了吧）！

但其實禿頭不是病，遮起來要人命，與其瞞天過海只瞞得住你自己，倒不如大方面對，畢竟禿頭讓人有「雄性激素旺盛→那方面也不錯」的無科學根據聯想啊！

好！就這麼說定了～
今後請多多指教喔！
啊!!
伸

之前的相親對象總會頻頻往我胸部偷瞄，但今天的這位L先生卻不會
每次都用胸器來試探相親對象

好…請多多指教…
你不站起來嗎?
我…我腳麻…

G小姐妳過獎了。不如下週我們再找一天一起吃個飯？
今天聊得非常開心，老實說L先生給我的印象非常好，希望還能有多認識彼此的機會。（羞）
起身

那就用胸肌來勉勵自己一番吧！

莫非就是這一個？

風衣男對我親切地笑了笑，因為他先到所以坐著，尚無法判斷他的身高，但是看得出來他雖然臉型瘦長，風衣下卻有我最喜歡的中年發福身材，這根本就是為我而量身訂作的嘛！莫非，這是老天給我的暗示？

NO. 17

量身訂作風衣男

年齡：33歲

職業：某大醫院放射師

外貌：五官輪廓深，頭髮用心抓，白襯衫外套了風衣，還穿了皮鞋……看起來挺不錯的嘛！

一進小包廂，就看到一個可說是自從參加相親平臺以來，看到最體面的男性代表，難道最近相親公司有在上「相親必勝裝扮」的培訓課程？怎麼可能這麼正常的男性會出現在這裡呢？風衣男對我親切地笑了笑，因為他先到所以坐著，尚無法判斷他的身高，但是看得出來他雖然臉型瘦長，風衣下卻有我最喜歡的中年發福身材，這根本就是為我而量身訂作的嘛！莫非，這是老天給我的暗示？

風衣男很有紳士風度地擔起開話題的責任，態度大方又有禮貌地跟我聊起了彼此的工作、家庭等基本資訊，沒想到我挨到了第十七位才等到這個否極泰來的機會，不但內心澎湃激動，也對紅娘祕書的工作表現又轉為正面的肯定。

身在醫院工作，可以想像交友圈十分有限，能泡的不外乎隔壁的醫生（不過同行應該相忌吧？）、護士、病人，或病人他女兒。而身為放射科的醫師則是慘中之慘，職務內容百分之九十是幫人照X光，連跟病人處在同一個房間的機會都沒有，是要怎麼找對象啊？

也因此，風衣哥的前任女友的確是護士無誤（不得不說這豈不是男人的美夢成真嗎？）然而對方非常年輕還不想定下來（這根本就是美夢中的美夢了吧！）風衣哥只好黯然離去。談話之中，他依然忍不住數落了一下前女友的不是，這點讓我挺無言的，說什麼都怪，也懷疑他是不是也還沒走出上一段的陰影。

然而，相較於之前種種慘烈的經驗，現在能遇上一個外型、談吐、工作各方面條件都不錯的男士，我已經要謝天謝地了，「條件很好，只是因為工作關係很難認識新的異性朋友而已」，這才是當初廣告上演給我們看的內容啊！

為了給自己更多的機會，我終於在第十六次的相親面談中，首次答應對方邀約接著一起去吃晚餐。這種情況難能可貴的地方在於，話說相親公司對會面有嚴格的規定，雙方當天一定要促膝長談五十分鐘以上，假設兩個人能夠連聊一小時之後還相約去吃飯，那還真的是有聊不完的話，尤其在紅娘會社這種地方，個人覺得幸運程度可比中樂透。

約好一起離開去吃飯後，風衣男站起來為我開門，雖然對風衣哥還沒有觸電感覺，但他翩翩的風度、剛好的高度，都讓我不禁寄望……莫非，就是他了？

相親惡女的婚活教戰

給女孩兒：

如果相親當天雙方相談甚歡，百分之九十以上的男人都會認為自己要請客，但是他就是想要以此測驗妳，怕自己被當冤大頭！

因此晚餐結束後，請作勢拿錢包，動作愈大、愈明顯愈好，最好連隔壁桌都知道妳在掏錢，並且一邊說：「多少錢呀？」

如果對方還真的跟妳要錢……那就摸摸鼻子自己付囉，畢竟第一次見面嘛！可能他真的認為彼此還沒那麼熟，後續再約應該就會主動釋出善意，如果後續是對方主動邀約，但都還是各付各的……那麼很有可能他只是把妳當一起吃飯的朋友！

給男孩兒：

相親完相約一起去吃飯，到底該不該讓男人請呢？如果你是男性讀者，你問女人要不要一起去吃飯，結帳時你不主動表示要付錢，你還是個男人嗎你!?……喔……是女人起頭的啊？跟女人一起吃飯，結帳時你不主動表示要付錢，你還是個男人嗎你!?重點不是付出去的錢，重點是你說「我來」的樣子，真是超帥的啊！

為什麼我要跟長輩相親？

「你不覺得相親會社很亂來嗎？怎麼會安排差十歲的對象，根本就浪費我們大家的扣達嘛！」

不料，叔叔竟然很受傷地說：「其實我之前的女朋友是七十三年次的，所以我原本覺得還好……」我當場真的很想報警！這犯法的吧？

NO. 18

披著大叔外皮的純情男

年齡：40歲
職業：證券公司主管
外貌：真的要講的話，還蠻像吳敦義的……

現在的男人都在搞什麼鬼啊？為什麼每天都敲妳MSN問：「今天過得如何？」如此過了兩個禮拜，還是沒有打算約出來至少喝個咖啡的意思啊？

還有，拚了老命熬夜跟他從十二點聊到三點，什麼叫做「跟你聊天真開心，**改天出來聚聚。**」啊？你以為我們是高中同學啊？

還有，老娘捺著性子跟他耗下去，這個人竟然在情人節一大早，逛了我的臉書，對某張照片按了「讚」，一連過去卻發現那張照片是我朋友的獨照！還加人家為好友？還是我同學打來抱怨，我才知道！

現在這社會真是亂象百出!!

這就是我跟第十七號風衣男的結局。

老天對有才華的女子就是如此苛刻。

我真的累了。

累了——

累了!

但是，相親會社打來的時候我還是答應了。

因為我現在人生只剩下寫這些「缺德文」是有意義的啊!

這次的對象完全不在我提供給相親會社的需求範圍內。遙想起還未經歷二十次相親前的我，在表格上填了希望對象年齡是大我四到八歲的範圍內，可見那時還相當堅持著老男人路線，大四歲已經是我的底限，每次相親會社想要偷渡幾個七十年次的進來，都會被我罵。

但是隨著閱歷的豐富，漸漸也開始覺得青春肉體……喔，不是!

是青春熱血的男孩所帶來的陽光，能有效溫暖我的身心，而老男人們——去死吧！誰叫以前你們要糟蹋年輕女孩，活該就孤獨終老！（雖然還是有許多傻女孩前仆後繼……）

回歸正題。

在我已經改吃得很清淡之後，不知道為何相親會社現在才塞給我一個四十歲的對象，聽到的瞬間的確是有點詫異，因為以正常人的心態來講（讀到現在，各位的心態應該還是正常人吧？），安排大十歲的對象還滿過分的。更過分的是，紅娘祕書在我啞口兩秒的空檔間，立即塞進話術加以安撫：「可是看不出來，皮膚也滿好的（現在想想講這句也很奇怪，四十歲難道會長老人斑嗎？），學歷也很高，英文也不錯！」我因為錯失第一時間拒絕的機會，加上接電話的當下是剛上公車在刷悠遊卡然後又刷不過的窘境，於是就在錯愕和慌亂之中答應了。

果然，後來兩天我都活在懊惱當中，一打開包廂的門也相當傻眼——為什麼我要跟長輩相親?!我知道，有很多四十歲男人看起來還是很年輕、很活潑，但絕對不是拿來形容現在坐在我對面這位德高望重的先生！

我來這邊十六次，從沒有一次，連坐下都不願意，馬上就想走了。我每小時的收費很高好嗎？

無奈我生長在一個禮儀之邦，我也從來沒有這樣當場走掉過，不知道要怎麼申請「提早離場」。原本叛逆不受控制的我，竟然沒想過要逃，大概是看到這位老先生，一時之間也慌了手腳吧！只好皺著眉頭，心不甘情不願地坐下來（靠，現在想一想自己好像被叫去坐檯的小姐……），而且還把椅子拉離桌子很遠，包包抱在胸前，一付隨時要逃的警覺樣貌。

我常笑稱那個小包廂的格局好像在面試，結果這次對面還真的坐了一個主管，感覺他手上就有我的履歷表，這荒謬的場景讓我一時之間不知道說什麼好。

幸虧長輩果然人生閱歷多，很自然地依照相親會社提供給每位不善言詞男人的那份「常用問題表」，依序問著我從哪邊過來的、住哪、做什麼工作等等。

因為我的工作還算有趣，這個話題勉強撐了十來分鐘，講完後又靜默了好一會，當我心裡還在思考有什麼比較有禮貌的密室逃脫術時，沒想到桌子的那一端，覺得自己身為一個長輩，應該擔下開話題的重責大任，好讓這位相當害羞的女孩自在一點，於是他開口：「那妳之前交過幾個男朋友呢？」

瞬間，我差點回他：「身為一個主管，你問這問題很不恰當吧？」這也很像過年時被叔叔問：「妳交過幾個男朋友啊？」一定會很想回：「干你屁事啊！」那般的惱怒。

意識到這不該出現在相談室的詭異氣氛，我忍不住發出正義之聲：「你不覺得相親會社很亂來嗎？怎麼會安排差十歲的對象，根本就浪費我們大家的扣達嘛！」

不料，叔叔竟然很受傷地說：「其實我之前的女朋友是七十三年次的，所以我原本覺得還好……」

我當場真的很想報警！這犯法的吧？

接著，叔叔竟然開始跟我抱怨起前女友的生活方式及金錢觀，大概認為我也是七年級生，可能也有一樣的想法。本人因為吃過很多老男人的悶虧，表面上很善解人意地安慰：「沒有啦，跟男朋友拿零用錢是有點過分……」心裡的惡魔卻嘶喊著：「靠！泡大學剛畢業的妹，人家沒告你就不錯了好不好！」

交心到最後，叔叔冷不防關心地問了我一句：「那……妳上次分手是不是也很痛啊？」

聽到一個長輩講什麼痛不痛的，真的不是很適合這個年紀的用詞，但我還是微微笑說：「不會啦，很久以前的事了，都兩、三年了……」

看著叔叔不解的眼神，我終於了解到，對一個長輩來說，「十年」才能叫作很久以前，就像當我說「我做這行很久了，都五、六年了」，對他來說也是一樣荒謬。我突然覺得，三十歲的人在面對四十歲的人時，就好像渺小的人類面對浩瀚的宇宙，我們的經歷是如此微不足道，我們的故事還不夠深刻……

無論如何，我都已經回不去那個喜歡老男人的少女情懷了。

相親惡女的婚活教戰

給女孩兒：

女人心思比較細膩，很少在相親時提起前一段感情，大多是男方主動詢問。如果被問到，也不用緊張，因為男人真是一種理性的怪動物，他只是想知道妳對感情的看法，以及之前的男友犯過什麼錯，他要如何避免重蹈覆轍。以工程術語來講，他不過就是想要de-bug（抓程式中的運算錯誤）而已。

給男孩兒：

個人觀察發現，相親時，很多男人竟然會跟初次見面的女人提及前女友！根據男性朋友指出，男人會跟女人提到有關感情的事，通常意味著對該名女性有好感。

但女人對此可是非常反感喔！會認為「該不會還留戀前女友吧？」、「是在說我也跟他前女友有一樣的缺點嗎？」所以奉勸男性，這個話題還是少提為妙吧！

Dolphin昨天相親得
如何?有來電嗎?
友人
我覺得對方年紀
太大了...

老吳昨天相親得怎
麼樣?有來電嗎?
友人
我覺得對方年紀
太大了...
警察!警察!!!

惡女真情相談室⑥

要相親？先掂掂自己值多少吧！

女人對年齡的敏感度很高，但這種完全以年齡來判斷女人身價的事情，竟然就這麼活生生在我眼前上演，我真的十分震撼，同時也對她提供給我的折扣感到相當吃驚。

猶記一剛開始加入相親會社的契機是來自於受到好姐妹懷孕、嫁到國外等一連串重大刺激，一股雄心壯志熊熊燃起，就在網路上註冊了。然而看到相親公司所寄來文情並茂、字字誠懇的「報價單」之後，不禁猶豫了起來。畢竟，以我的條件，怎會淪落到要花自己的錢去相親呢!?

一度想放棄之際，卻開始收到紅娘秘書的奪命連環叩，比賣車的業務還要積極，寄email、留言、留訊息，不停告訴我：「我們是十分專業的，請至少來跟我們見個面，『給自己一個機會』喔！」講得好像我單身是因為我不給自己機會一樣！士可殺，不可辱，一氣之下決定至少去看一下所謂相親會社長怎樣？至少，也要讓對方看到我長怎樣，說不定還可以打折哩！

不過，話說回來，我也不能否認，縱然在此之前已經接受親朋好友安排的相親十幾次了，但希望的幼苗就如同路邊的雜草一般，就算歷經眾多無情的踐踏，竟然還是如此堅強地活著。每一次的相親，就有如在買樂透，買的時候不敢說自己「一定會中」，但是也不能完全排除自己還是有那麼一丁點期待中獎。

既然我跟樂透得主的差別只在於他有買樂透而我沒買，那麼就讓我孤擲一注地踏出第一步吧！

正式開始相親活動前，首先就要接受專業紅娘面談，表面上是讓她了解我是什麼樣的人，實際上比較像是談合約。負責接洽我的紅娘是位時髦的大姐，拿出我在網路上設定的對象條件跟我一一確認，不過其實是在想辦法說服我放寬條件。

相親會社提供年紀、學歷、身高、體重、職業、宗教、興趣等條件讓你設定，就像網路購物一樣設定規格。然而，付的錢要夠多，相親會社才會百分之百按照你的條件介紹對象。像我這種不願意付很多錢的人，就別想東挑西揀。另外，好險我當時剛好符合「優惠年齡」的最後一個年次，竟然還享有特惠方案。

時髦大姐在紙上畫著：「一般我們有會員制一年無限次、或三十次××元的。」她寫下一個五位數金額，讓我想起身離開。「但是我們現在對三十歲以下的有優惠。」她把剛剛的數字打一個大叉叉，寫下一個大約等於燙個頭髮的價格。

女人對年齡的敏感度很高，但這種完全以年齡來判斷女人身價的事情，竟然就這麼活生生在我眼前上演，我真的十分震撼，同時也對她提供給我的折扣感到吃驚。

「我多送幾個排約機會給妳，你就當作吃一次麥當勞，不是很划算嗎？」時髦大姐輕鬆地說。

就在這種買到賺到的錯覺之下，我居然刷卡入了會。

簽完約後我去吃飯，過沒兩個小時，紅娘就立刻來電要安排時間相親：「蔡先生，六十五年次（是有符合我條件），從事美髮業（蛤!?），跟別人一起合夥經營小生意（還是有點怪怪的），平時喜歡攝影（很正常）、煮菜（？），是個很健談的人。（很健談的人會去那裡喔？）」

每次收到紅娘來電做這種「會前簡報」，就感覺我好像要去上節目當來賓，真是亂刺激一把的，但是紅娘每說出一個特點，我心中就會不自主冒出一個OS，這種諷的心態，也許是我的保護色，但最後其實成為相親路上的最大窒礙。

先交換雙方基本資訊的用意在於提供基礎的了解，見面時才能順利地找話題跟對方聊天，結果因為防衛心太重，我總是很漫不經心，簡報時左耳進、右耳出，到了會面現場才很沒禮貌地說：「不好意思，能不能再問一下你幾年次？做什麼的？我忘了。」過去我自以為這麼做可避免自己先入為主，能夠很客觀地依照實際與對方相處的氣氛，判斷彼此是否處得來，然而說穿了，抱著這種懷疑的心態，不過就是單純怕期待太高，最後失望太深。

更或許，**我從來也不寄望相親會社能為我帶來真命天子，盲目地拚命出席相親活動，只是排遣寂寞，甚至，只是給自己、給身邊的人一個交代**：「別再說我單身是自己造成的，我踏出去了，也努力了。」表面上向「再挑就結不了婚」的現實低頭，其實潛意識仍深信撼動靈魂的愛情才是最高信仰。

參加相親平臺後我才發現，很多人能夠步入婚姻，最後也能夠很安安分分地守著平凡的幸福，是因為他們以很務實的觀點看待結婚這件事：身高大約幾公分，經濟基礎到哪裡，有沒有責任感，想不想生小孩，以上測驗都通過，就可以來談結婚事宜。不符合上述條件，抱歉，也許我們可以談戀愛，但不見得可以結婚。歲月徒增年事，戀愛已是種奢侈。

所以，我到底是在找戀愛對象？還是結婚對象？如果是前者，恐怕不管繳多少錢，紅娘會社也不能給我任何保證……

相親惡女的婚活教戰

給女孩兒：

讓我以過來人的經驗給妳一點忠告：設對象條件時，請堅持自己的原則，不要被紅娘祕書給洗腦了呀！要知道這一行也是有庫存的。什麼「小妳兩歲應該還好吧？妳給人感覺也很年輕啊！」那為什麼我在公司的人氣自從七十七年次的女同事進來後就急速下滑？

「沒念大學應該還好吧？事業有成比較重要！」最好到時候吵架就不要說：「對啦！妳有念過大學了不起啦！」這種話！

這些話術都只是為了清庫存而已！冷靜想想，妳時間不多了，愈快遇到對的人愈好，快搞清楚自己的理想對象條件吧！

給男孩兒：

也許是男生對於「戀愛」這麼娘娘腔的活動，不敢表現得太過積極，實際上，現在市面上不管是相親公司、聯誼活動，參加的性別比例都是以女生居多，而且女方們素質都很不錯，尤其是到了拉警報的年紀，對男方條件的要求真的是腳踏實地了不少，我真的不明白這麼好康的事，男孩們為何不趕快前仆後繼地投入呢!?

從此不再懷有敵意

我知道要成為消防員，一定要先通過國家對於完美健壯體魄的考驗啊！啊哈哈哈！（腦海中浮現線條分明的六塊腹肌）在赴約前幾天，我還看到電視播報一則新聞「彌猴誤闖月臺，消防員吹箭抓猴」，豈不讓人更加期待嗎？

NO. 19

遐想無限消防員

年齡：30歲

職業：消防員

外貌：一百八十公分籃球員般的高挑身材，平頭加上靦腆的笑容，與林書豪有神似之感，十分清新。

各位應該很好奇，如果一個人到現在已經相親了三十幾次，到底還會抱持什麼樣的心情再去赴約呢？

答案是：就像有時候去吃飯餐廳人太多，必須跟人家併桌差不多的心情。只是看在介紹人（親戚或同事）的份上，必須跟「併桌」的人聊聊天而已。

最近雖然還是狂相親，卻沒有什麼靈感，整個呈現麻痺狀態，不知道要寫什麼。上網google了一下，看看網路上有什麼相親相關文章，仔細研究了一下，根本就沒有什麼真正有趣的相親經驗，幾乎都是在講「哇，那天真是超尷尬的！」之類的話。突然之間，我心中真是好生羨慕，想當年，在下也是這麼容易就達到高潮，不禁感嘆歲月不饒人啊！

本人已經練到了百毒不侵，家姐眼見我相親進度停滯不前，於是找來好友：超級保險業務經紀人K先生，從他龐大的人脈資料庫中，比對出適合我的對象，不過真不知道這比對程式是什麼邏輯，最後速配對象竟然跑出消防員一枚。

乍聽之下，我的第一個反應是：「聊得來嗎？」畢竟我是個工作狂，根據過去跟保全、藥師相親的經驗，如果對方不是一段上班族，往往是同桌異夢，人鬼殊途，但是能跟消防員相親，可不是人人都有的機會，再加上前幾天看到電視播報一則新聞「彌猴誤闖月臺，消防員吹箭抓猴」，這一切，實在太令人期待了啊！

原本對相親抱著兒戲的心情，心中還興奮地開始構思部落格文章草稿，但卻在相親前一個小時，接到大學好友梅西來電說：「單身女王愛倫要結婚了！」

沒想到，會在相親當天收到以「單身玩咖」為註冊商標的死黨愛倫，戀愛終於修成正果決定定下來的消息，對照我當作開玩笑去赴約的心態，突然覺得人生還真是戲劇化。

大家都說，我是個好女人，只是還沒遇到對的人。大家都說，緣分自有安排。如果……老天爺真的對我的命運有安排，他只是想把我栽培成一個「諧星」吧？如果真的有老天爺……那請問可以不要理我嗎？旁邊還有那麼多人，為什麼一定要處處針對我呢？

站在餐廳外等待男方的我百感交集，好希望能回復原本輕鬆的心情，卻又無法壓抑內心愚蠢地希望接下來出現的會是白馬王子，將我從這荒唐劇碼中解救出來。

然而人生往往比戲劇更戲劇化，該死的媒人K先生此時竟來電說自己不能來，請我自己跟男方一起吃飯。這豈不是太尷尬了嗎？當下我好想當個落跑相親女，不想再逞強展現開朗的笑容，也不希望負面的情緒傷及無辜。

就在這混亂的思緒當中，男方與親友出現了！一位是笑臉迎人、約三十五歲上下、中等身材的男子；另一位則是較為害羞、身材高挑、約莫二十五歲左右的年輕人。

因為事前沒要照片，我不知誰才是「潛力客戶」，該對哪一位放電才對，而且加上我方只有一人出席，備感困窘，此時真是恨死了素未謀面的K先生。

一入座，年紀較大的那一位就幫我拉椅子、拿菜單，並負責開話題，我當下就覺得不對勁，這麼懂事的人怎麼還需要人家幫他介紹對象呢？果然，年輕男子才是今天的男主角。

更亂來的是，這兩人也是今天第一次見面，原來那位大哥是K先生太太的高中同學，也是男主角隔壁鄰居太太的兒子（天啊！這關係也太遠了吧！），受媽媽之託，再加上對消防員一職也充滿了無限遐想，因此今天前來負責擔任中間人的角色。

真的是太荒謬了，這一桌有如被併桌的三人組合竟然認真交起朋友來。男主角雖然屬於忠厚老實型，但針對消防工作的種種疑問，例如：摘除蜂窩的祕訣、消防員如果怕蛇怎麼辦、以及我最關心的體格訓練等問題，都不厭其煩地一一解答。

也許單純的消防男不明白我們上班族與公司、客戶間的愛恨情仇，但從他臉上滿足的表情，看得出他對這份工作的熱情與付出，這是我從未在其他相親對象身上見過的。

用完餐後，因為我怕冷場，主動提議要幫大家算塔羅牌，消防男很大方地說，那就幫他算算，何時會遇到好對象。

我身負重任，小心翼翼地解析牌陣，牌面顯示他努力地將自己準備到最好的狀態，但在「外在環境」的位置，是一張寶劍二，圖中是一個雙眼被蒙住的女人，雙手持著長長的劍，交叉在胸前保護自己。意思就是說，其實他本身沒有問題，但可能最近認識的女人，心理狀態不是很穩定，內心還有許多疑惑，防衛心很重，見人就砍。而我心裡明白，自己也是其中一員。

但身為一個解牌師，我繼續盡責地說：「所以其實你沒有問題，問題可能在於對方。」我知道，這種屁話，誰也不喜歡聽。

看著他無辜的眼神，**我突然覺得很抱歉，意識到原來之前自己對於所有來者都充滿敵意，傷了別人、也害了自己**，就算曾經有過好對象，我也錯失了與對方深交，進而有更親密關係的機會。

也許因為已經把最尷尬的話都說開了，一起搭車回家的路上，我首次跟相親對象有如朋友一般地聊天。也許，消防男認為自己相當平凡，但是，我知道，他除了有個偉大的工作之外，還有顆真的很善良、努力的心。雖然我無能為力去左右別人的心，但真心希望他遇到一個懂得欣賞他的女孩。

而我，從今也會用更開放的心胸，去欣賞未來在相親之路上所遇見的男性。

相親惡女的婚活教戰

給女孩兒：

相親時幫對方算命，我到底在想什麼啊!?幫人算命性感嗎？可愛嗎？在有限的相親時間內做不性感、不可愛的事幹什麼呢？

可以想見，對方回去跟朋友提起我時，一定會說我「有點怪怪的，拿塔羅牌出來說幫大家算命」。當然也可以理解我一定是不把對方當異性，又覺得場面很冷，才會拿出一般世人誤會有靈力的塔羅牌來，而且幫人算命時，不免要擺出老師的姿態，讓人感覺地位比自己高，這兩點在相親時是絕對扣分的喔！

給男孩兒：

儘管沒有光鮮亮麗的包裝，但是每個人都有自己的熱情所在，談論自己的興趣及擅長的領域，有助於讓自己放鬆，表現出最佳的狀態，只要切忌別流於自大或炫技，那份專注的神情及興奮的光芒，絕對會讓女方印象深刻！

長相真的重要嗎？

我常在想，長相真的如此重要嗎？過去我一直強調自己喜歡長相平凡的男人，跟這樣的男人相處起來，對方的個性、氣氛，很輕易就在互動之間感受到。我開始思考：如果我有時也自滿於自己的樣貌，那麼是否過去很多男人，也從未感受到我自豪的、外表之下的獨特靈魂？

NO. 20

水中蛟龍大仁哥

年齡：29歲

職業：生技大廠研究員

外貌：濃眉大眼，體格精實，中間人傳來此男以棒球員姿態所照的相親照，已被眾姊妹分享珍藏於手機相簿

時間匆匆，回首來時路，不知不覺，本人已經相親四十次了！四十次耶？會不會太誇張！更過分的是，猛然驚覺一直到第四十次的相親，我才開始真的認真起來。

原本以脫線聞名的好友安排雙方會面之前，不但細心規畫了北海岸踏浪行程，還先提供對方照片讓諸友先睹為快。看到照片的第一眼，我又下意識先入為主地想：「帥哥好像不太牢靠吧？」但瞬間又

想起上次算塔羅出現的警示：「不要武裝自己，不讓人靠近！」加上一旁眾友的提醒，要打開心胸，先踏出第一步，否則永遠都無法開啟一段新的故事，因此，我才緊張地接下這個「case」。

相親的前兩天，這位可愛的中間人突然傳了短訊來：「星期六很熱耶！男主角也住在板橋，要不然我們先去吃熱炒九九好不好？」

「這……當然是不好啊！」我忍不住對著簡訊怒吼。

原訂的踏浪計畫是很有小心機的，相親成精的我早就想好，若與對方不來電，至少去海邊一遊正符合我的興趣。若變成啤酒熱炒，加上如果對方又是老實人，就怕一桌四人面面相覷，我該不會又要當主持人了吧？

重點是，那家熱炒是我家開的啊！這樣不是很尷尬嗎？雖然尷尬就是我追求的宗旨（這樣我才有文章可寫啊！），但是……我這次就是不要啊！

後來跟其他友人提起這件事，大家也覺得奇怪，怎麼我這次突然認真起來了？可能是最近聚會被刺激到了，總是被「貴婦」、「孕婦」以及即將嫁作「人婦」所包圍。看到朋友們金盆洗手、浪女回頭，連同學中最花蝴蝶的大玩咖都找到停泊的港灣，我們這幾個單身的還在苦海浮沉，就好像以前讀書時不認真，放暑假了才發現別人可以去玩了，我們卻要重修、補考，還得面對一直考不過的挫折。

其實這也就算了，這些「婦女們」不但在單身女郎為相親而緊張時作翹腳看戲狀（還不時摳牙縫），還會在人家訴說感情煩惱時，拚命吸飲料吸到「速速叫」，真的很不尊重人，太過分了吧！

這次的男主角是死黨老公的大學死黨，親上加親，可見好友對我的看重！此男不但長相可口，身高又落在我最理想的一七〇～一七五公分範疇內，並且也十分熱愛水上活動，擁有救生員執照，整個就是死黨為我精挑細選而來，完美程度可排名本人相親史上極品前三位。

不過，麻煩的是，帥哥從未出現在我的人生旅途上，我實在不知道如何跟這種外星人種相處。

好友為了讓我們倆好好相處，拉老公去遠方沙灘散步，帥哥雖然只著泳褲，但態度大方自然，盡量不讓我感到尷尬，主動問了很多問題，想了解我的背景跟興趣，怎知一向口齒伶俐的我，一面對帥哥就突然腦袋打結。

我想到好姐妹經常耳提面命，遇到對象時，要好好問清楚人家的家世背景、人生規畫，但是當人家認真回答時，我卻被那正在回答問題的剛毅唇線所迷惑，回過神來人家已經講完，我還在想我可以叫你大仁哥嗎？

我一邊與他談天，內心也在交戰，一邊說：「沒什麼fu耶……」但是另一邊又說：「真的嗎？那麼帥耶！要不要再多了解一下？」

結束後，姐妹們問我相親結果如何？其實我自己也很想釐清，到底覺得對方如何？可是長太帥實在讓我分心，無法客觀判斷，我很想撇開他的長相不談，閉起眼來好好感受一下他的個性，但不睜開眼看實在覺得很可惜啊！（花痴模式開啟）

後來，帥哥還是相當有誠意的邀約，我也很努力跟他出去喝過兩次咖啡，但後來對方就自己逐漸淡出，有一天，我忍不住問中間人原因，對方竟然說是因為我「看起來很難掌控」……我說……誰要你掌控啊！你只要乖乖坐在旁邊就好了啊！嗚嗚……

這次相親經驗之後，我常在想，長相真的如此重要嗎？

過去我一直強調自己喜歡長相平凡的男人，跟這樣的男人相處起來，對方的個性、氣氛，很輕易就在互動之間感受到。我從沒想過當長相這個參數數值調高了，其他的部分就變得難以判別……我開始思考：如果我有時也自滿於自己的樣貌，那麼是否過去很多男人，也從未感受到我自豪的、外表之下的獨特靈魂？

相親惡女的婚活教戰

給女孩兒：

如果相親約到海邊踏浪，請切記千萬不要換上泳裝，就算你再怎麼喜歡游泳跟陽光，拜託你一定要忍住這一次。雖然時代已經如此前衛，但留點想像空間給別人探聽是亙古不變的真理，如果不費力氣便可看遍妳的姣好身材，他哪還有動機挖空心思追你呢？

給男孩兒：

這位帥哥不只外表帥，更令人印象深刻的是他的誠意。例如，聽到我準備去自助旅行，就特地整理了他之前去當地拿到的手冊跟地圖，「順道」拿來給我。

就算第一次見面後對女方沒有特別的意思，但如果能用心聆聽對方的談話，適時給些貼心但不會太刻意的協助，兩人氣氛自然會愈來愈好，說不定日後有一天仍會爆出火花，這正是「培養口袋名單」的真諦啊！

我很正沒錯，但我不希望對方只
是看上了我的外表，最重要的是
能看見我內心真正的美麗！
我…的確是這麼說了…
紅娘秘書真是貼心…
但我還是覺得不對勁啊!!
心臟外科醫生

惡女真情相談室⑦

誰才是敗犬？日久見真章

隨著身心靈的成熟，我不但沒有更急著把自己嫁出去，反而從以為「結婚就是人生幸福終點」的少女情懷中甦醒。

所以，現在問我想不想結婚？我真的不知道耶……只能說我不會為了想結婚而結婚。

原來我不應該來相親會社。

在第二十次的會面中，我恍然大悟。

中斷近半年之後，相親會社竟然又打電話來叫我去排約。說實在的，紅娘祕書問我是不是還單身時，我實在很不想承認！

我應該是她們公司成立以來最難銷出去的吧？我的紅娘會不會在開會時一直被老

闆電：「為什麼這個案子一直結不掉!?」還是會被視為史上最棘手的當事人，被寫在新人教育訓練的教材裡呢？

那次紅娘秘書真的卯足全力要幫我介紹很好的對象，沒想到反而更讓我認清，原來自己要的，並不是相親會社所販售的。

當天男主角不簡單，是網路創業的負責人，有著三十五歲不多不少的年齡，年紀輕輕就創業有成，也就是說之前都忙著衝事業，搞砸了幾段感情，所以才來相親平臺註冊。

網路創業男更是目標明確，開門見山就告訴我希望趕緊娶個老婆、生幾個孩子，說完了也不囉唆，劈頭就問：「妳呢？妳想結婚嗎？」

我竟然說：「我不確定。」

妳這女人！來相親會社跟一大堆人面談，結果其實根本不確定自己是不是個想結婚的人？

可是，相親活動中斷的這半年來，我的確看到好多值得深思的真相。

相親百人斬計畫剛啟動的第一年，正是朋友們密集成家的一年。因為大家都沉浸在新婚甜蜜當中，覺得我孤家寡人很可憐，所以對於相親的看法，從恥笑漸漸轉為支持與鼓勵。

然而到了第二年，孩子一個接一個出生，婚姻生活最殘酷的考驗也來臨了。愈來愈多人向我揭露結婚的慘狀。例如：不能再那麼投入工作；想調國外這輩子也沒機會了；以往一年潛水幾十次，為了小孩，裝備都送人了；重點是，老公還是可以過自己的人生，女人卻要負擔更多人的人生。

看到這些例子，我才發現，隨著身心靈的成熟，我不但沒有更急著把自己嫁出去，反而從「以為結婚就是人生幸福終點」的少女情懷中甦醒。

所以，現在問我想不想結婚？我現在真的不知道耶……只能說我不會為了想結婚而結婚。

過去我一直認為是相親會社介紹的對象不夠好，所以才總是空手而歸，如今我才明白，原來自己才是不該出現在這裡的人。**我熱愛我的人生，勝過於不明就裡地跳入婚姻，只為擺脫「敗犬」的標籤。**

若是哪天我因為愛上某人而步入人生另一個階段，我心甘情願，但倘若只是為了穿上婚紗風光那一天，而錯失人生最後的浪漫、陷入難以挽回的困境，我絕不甘心！

網路創業男對我的回答不置可否，兀自侃侃而談自己想要幾個小孩，還說：「妳要生的話，真的就是要趁年輕啦！我就是覺得反正都要走這麼一遭，不如趁年輕有體力時趕快生一生、帶一帶！」

我……無言。

不好意思，不確定要不要結婚的女人唯一能確定的是：**有權為自己的人生作主是難得的幸福**。她會尊重這幸福，不再隨便把人生十字路口的決定，交給年紀、傳統，和別人的眼睛或嘴巴。

afterword

後記

相親讓我找到了自己，你呢？

剛與出版社洽談出書計畫時，我手上只有數篇搞笑的相親文章，並覺得相親是件可笑的事，也不相信真的可以因此找到真愛，更打從心裡嘲諷「找結婚對象」這種迂腐的想法。但為了替正在單身輪迴中迷惘的讀者們指點迷津，編輯希望我能寫一篇後記或總結，跟讀者們分享，在這段瘋狂的經歷之後，相親，對我，或對所有單身男女的意義何在？

不過我想，大家更想知道的應該是，真愛何在？

當然我無法回答這樣的問題，所以對此書即將背負的期待非常誠惶誠恐。當時「相親」對我來說，是一場瘋狂的人體實驗，而在這漫長又孤寂的旅途中，我漸漸找到了自己的答案，只是，這答案並非是交了一個男朋友，能夠向親朋好友及自己交代，而是發現自己有勇氣破除傳統的迷思，真心享受快樂的單身生活。而愛情，總有一天會自然發生，畢竟感情不是專案管理，女強人一向擅長的ＫＰＩ**註**跟進度管控，在這時候可是無用武之地的。

於是在開始編修本書文章之時，我就停止了所有相親的活動，並且很誠實地面對自己對感情的許多盲點，例如太過逞強、不善表達情感、自我中心……等等。而在這之後我解除多年來對前男友的消息封鎖，卸下了防備，沒想到發現兩個人都還是十分珍視對方，於是就這樣重修舊好了（也就是說逞強誤了我五年）。

雖然在最後我仍然沒有辦法證明相親能不能夠找到真愛，但是至少我證明了一點：就算是個相親過五十次，寫了一堆缺德、哀怨、自暴自棄的文章，還彙整出了一本書的女人，也是交得到男朋友的。而那個他，雖然知道可能有被寫進去的風險，但是還是會跟你說：「你好棒。我一直都知道你很喜歡寫作。」

而雖然市面上有許多戀愛指南，甚至本書中也提到不少教戰小撇步，但是很高興在這一段旅程之後，我能夠跟各位冰山粉領們報告，其實我們「不需要太勉強自己」。因為**勉強自己偽裝成大家閨秀，就不會有「原來這樣的我，也能被如此珍惜」的幸福感。沒有幸福感，何來戀愛？只不過是敷衍旁人而已。**最重要的是，你敷衍不過自己。你真的可以做自己，雖不是說你連恰北北都很嫵媚，只是愛你的男人會為你的可愛包容你的醜陋，就像你會為他做的。

你真的可以做自己。

寫於2013・01

註：ＫＰＩ：Key Performance Indicators，關鍵效能指標。是指衡量一個管理工作成效最重要的指標，是一項數據化管理的工具，必須是客觀、可衡量的績效指標。

VIEW 012

相親惡女不負責出清指南：直白毒舌的男人評鑑20

作　者—惡女Dolphin
插　畫—LON
特約編輯—Michelle
主　編—陳信宏
責任企畫—曾睦涵
美術設計—我我設計工作室
發行人—孫思照
董事長—孫思照
總經理—莫昭平
第二編輯部總編輯—李采洪
出版者—時報文化出版企業股份有限公司
10803 臺北市和平西路三段二四〇號三樓
發行專線—（〇二）二三〇六—六八四二
讀者服務專線—〇八〇〇—二三一—七〇五・（〇二）二三〇四—七一〇三
讀者服務傳真—（〇二）二三〇四—六八五八
郵撥—一九三四—四七二四時報文化出版公司
信箱—臺北郵政七九～九九信箱
時報悅讀網—www.readingtimes.com.tw
電子郵件信箱—newlife@readingtimes.com.tw
時報出版第二編輯部臉書—http://www.facebook.com/readingtimes.2
法律顧問—理律法律事務所 陳長文律師、李念祖律師
印刷—鴻嘉印刷有限公司
初版一刷—二〇一三年二月二十二日
定價—新臺幣二三〇元
⊙行政院新聞局局版北市業字第八〇號

ISBN 978-957-13-5721-8
Printed in Taiwan

國家圖書館出版品預行編目資料

相親惡女不負責出清指南：
直白毒舌的男人評鑑 20 / 惡女 Dolphin 著.
-- 初版. -- 臺北市 : 時報文化, 2013.02
面； 公分. -- (View ; 12)
ISBN 978-957-13-5721-8 (平裝)

1. 相親 2. 婚姻 3. 兩性關係

544.33　　102001389

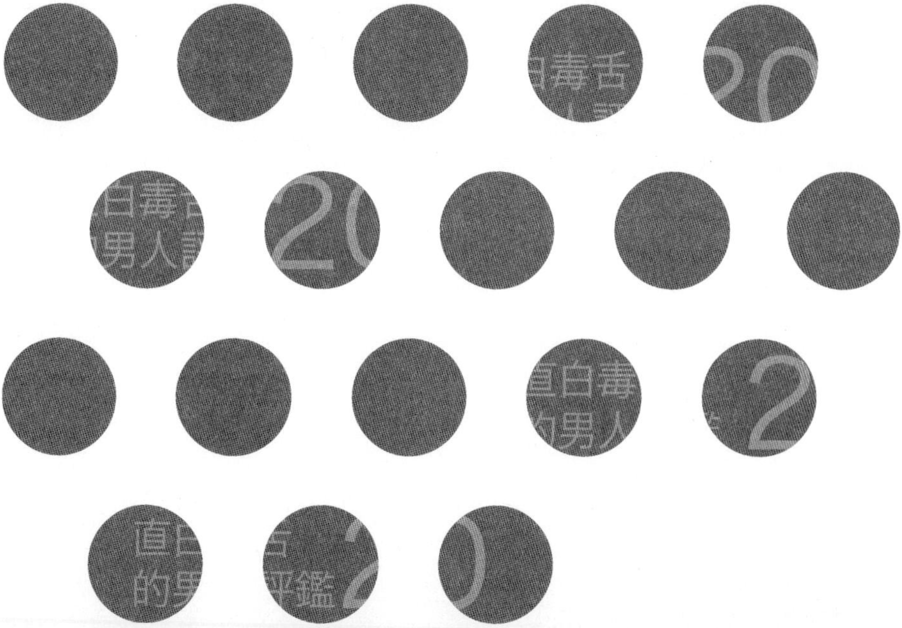

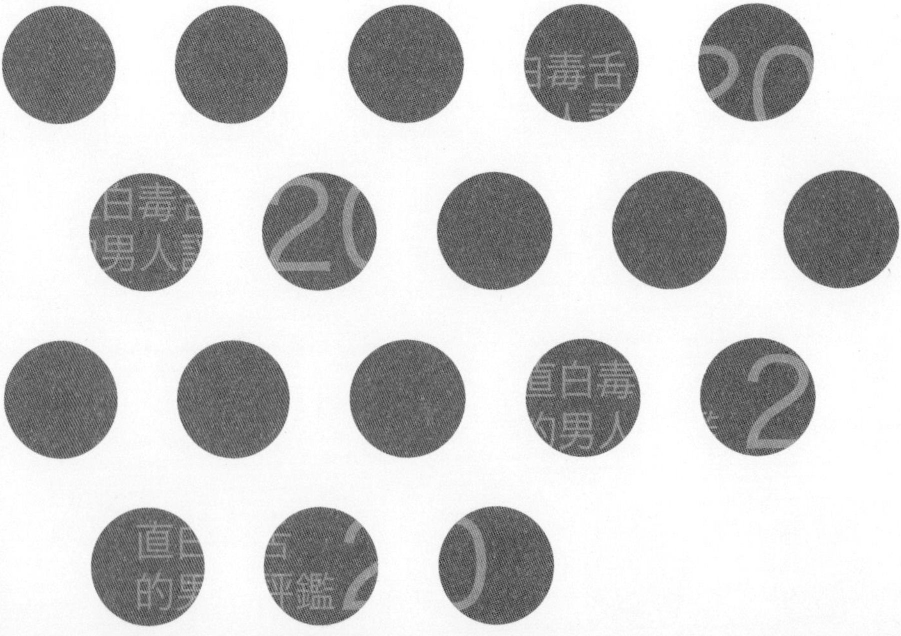

白毒舌
20
白毒舌
的男人評
20
直白毒
的男人
2
直白
舌
的男
評鑑

白毒舌
20
白毒舌
的男人評
20
直白毒
的男人
2
直白
舌
的男
評鑑
2